スミス立像(石膏)

高島善哉著

アダム・スミス

岩波新書

674

目次

本書の写真はアダム・スミスの会刊行(一九六一年)「アダム・スミス写真集」より転載

アダム・スミス

――近代化とナショナリズムの目を通して――

一　アダム・スミスをみる目

1　一知半解のアダム・スミス像

アダム・スミスという名前をきいたとき、私たち日本人にはどんなイメージが浮かぶであろうか。あの有名な『国富論』の著者で経済学を創設した人のことではないのか。これがごく一般のイメージであろう。それから、経済的自由主義の主張を強く打ち出した人で、人間の利己心の意義に目をつけ、いわゆる自由放任思想の元祖となったのがアダム・スミスであると、このようにもの知り顔に説く人も案外少なくないであろう。

アダム・スミスが『国富論』の著者であり、経済学を学問としてまとめ上げることに成功した最初のすぐれた学者であったことは、まちがいのない事実である。しかしスミスが偉かったのはただそれだけの理由によるのではない。もちろん『国富論』一冊だけでもスミスの名はいつまでも歴史のページの上に残るであろうが、スミスをただの経済学者としてのみみるのは、

1800年頃チャールズ・スミスによって描かれたスミスの肖像と推定される(部分)(カーコールディのミュア家所蔵，のちスコッチッシュ・ナショナル・ポートレート・ギャラリーに寄贈)

なんといっても不当であり片手落ちであるといわなければならないのである。スミスは『国富論』の著者となる二十年も前に、『道徳感情論』の著者としてその名声は全ヨーロッパにひろがっていた。彼はすぐれた経済学者となる前にすぐれた道徳哲学者であったのである。

　つぎに、アダム・スミスという人は人間の利己心の意義を説き、自由放任主義の元祖だったのではないのかと、このように思いこんでいる人にたいしては、それは一知半解のアダム・スミス観であって、現代のスミス像としては、もはや古くさいかびの生えてしまったものだということをあらかじめいっておきたい。なるほどスミスは大いに利己心の意義を強調した。経済に限らず、政治でも教育でも文化でも、すべて人間社会の幸福と繁栄は、個人の自由な活動が認められたときにもっともよく実現されるという思想を熱心に説いたにはちがいない。しかしながら、スミスが利己心の意義を強調したからといって、彼が人間をガリガリ亡者のように考えたわけではなく、またそのような人間をモデルとして推奨したわけではさらさらないのである。スミスについては、このように馬鹿げたイメージがいまなお案外通用しているおそれがあるように思われるので、けっしてそういうものではないということを、まずもってここでいっておかなければならないのである。

スミスが自由放任主義の元祖であったみたいに思いこんでいる人の数はもっと多いかもしれない。こういうスミス像にたいしても私はやはり前もって痛撃を加えておきたいと思う。スミスの著作を丹念に読んでみていただきたい。『道徳感情論』ではいうまでもなく、『国富論』でさえも、どのページを開いてみてもただの一度も自由放任という文句にお目にかかることはないのである。私のしらべ方がことによると不十分であるのではないかと逆襲をうけるかもしれないほどに、私のこの断言は一部の読者をびっくりさせるかと思うが、しかしまず私の理解にまちがいはないものと信ずるのである。というのは、スミスの自由思想を自由放任という合言葉で語るようになったのは、スミス自身ではなくて後の亜流や解説者たちだったからである。本家本元のスミス自身はそんな軽薄な言葉や思想とはなんの係り合いもないのであった。利己心にしろ自由主義にしろあるいはまた個人主義にしろ、これらの言葉をただ言葉だけのものとして受けとったり、あるいはただ自分の気もちや感情だけで早のみこみしたりすると、たいへんまちがったことになり、スミスのような大きな思想家の言説をいともたやすくとりちがえ曲解することになる。日本にいまなお残っている一知半解のスミス像は、この辺でもうきっぱりと清算されてしかるべきではないだろうか。

2　国民的教養の拡がりと深まり

以上は、世間一般の目にアダム・スミスという人物がどのように映っているだろうかということについて述べてみたのである。戦後わが国では思いきった教育改革が行なわれた結果として、社会科という科目が新たに設けられ、小学校や中学校ではこの科目の比重がなかなか大きいものと考えられるようになった。進んで高等学校へいくと、「倫理・社会」とか、「世界史」とかいうような名目で、このいわゆる社会科なるものの一応の完成がもくろまれており、その結果として、青年の社会科的教養も戦前の青年のそれに比して格段の進歩をとげたはずである。戦前にはプラトンやアリストテレスの名前を知っていた青年がはたしてどれほどあったであろうか。スミスやミルやスペンサーの名前を知っていた青年がどれほどあったであろうか。モンテスキューやルソーやコントの名前を知っていた人、カントやヘーゲルやマルクスの名前を知っていた人がどれほどあったであろうか。こういう世界的な思想家、学者の名前を知っているだけで、戦前の日本ではひとかどの知識人であるように思われたほどであった。戦後はまるで事情が一変した。これらの著名人の名前は、少なくとも高校程度の学校を出た人であれば、まったくなじみのない異邦人ではなくなっているはずだ。これらの青年の多くは、少なくとも一度か二度ぐらいはその名前をきいたことがあろうし、そしてたとえば、スミスといえば『国富論』を思い出し、ルソーといえば『社会契約論』を思い出し、マルクスといえば『資本論』を思い出すほどに成長したのである。青年が成長すれば国民一般もまた成長する。こうして私たちのアダム・スミスはいまや国民的教養のリストの中に押しも押されもせぬ地歩を確立したのである。

この事実は私たちにとってはたしてよろこぶべき現象であろうか。それとも悲しむべき現象であろうか。一面からみればよろこぶべきことだが、もう一つの面からみれば必ずしもよろこぶべきことではない。これが私の答えである。一面よろこぶべき現象だというのは、日本人の目がこうしてひろく世界に開かれ、国民の教養が急速に拡大してきたという意味においてであり、他面必ずしもよろこぶべき現象ではないというのは、教養の量的な拡大が質的な深まりを伴わないという意味においてである。これはさきほど述べたようなアダム・スミス像によっても知られるわけである。*読者もすぐそれと気づかれるであろうように、ここには社会科教育のあり方はこれでよいであろうかという根本の問題があるし、さらにもう一歩つっこんでいえば、戦後日本の教育改革はどこまで日本の土壌に根づいたかというもっと根本的な問題がここにはあるわけだ。アダムといえば『国富論』、スミスといえば自由放任主義といったような〇×式の教え方や受けとり方はまっぴら御免である。私はスミス研究家の一人としてどうしてもこのように強い言葉を使わざるをえないのである。

* 私はためしに現在広く使われている世界史と倫理・社会の教科書を一つ二つしらべてみた。案じたとおり、スミスは自由放任主義の大御所となっている。遺憾というよりあきれるほかはない。

国民一般にとってのアダム・スミス像というものが現在どんなものであろうかという話から、つい筆が進んで戦後日本の教育改革という問題にまで発展してしまった。いまはもちろんそのような問題を論ずる場所ではない。しかしながら私の考えでは、ここにはもっともっと大きく根本的な問題があるように思われるのである。それは戦後の社会科教育とか戦後の教育改革とかそういった重要な問題と密接なつながりがある問題ではあるが、実はさらにその重要さを上回るところの、したがって私たち日本人にとってもっとも基本的で興味のある問題だと私はいいたいのである。その問題とは何か。その問題とはつまり、私たち日本人が外国の文化(思想や学問)をとりいれて自分自身の教養の糧としたいと思ったとき、日本人はそれをどのように受けいれ、身につけ、利用してきたであろうかという問題である。

改めていうまでもなく、これはアダム・スミスの受けいれと利用についてだけ起る問題ではない。ルソーについても、マルクスについても、すべて「倫理・社会」の教科書の中に出てくるほどのすぐれた人物のすべてについて起る問題なのである。だが当面アダム・スミスをみる目を開くつもりで書き始めた私としては、焦点をスミスにしぼりながら、以下この問題を考察することとしたい。

3 三つのスミス像——第一の顔と第二の顔

ここで、わがアダム・スミスがこれまで日本人の手によってどのように扱われてきたか、その概観を述べておこう。スミスの名や思想についてはすでに幕末のころから一部のわが知識人の間に知られていたし、『国富論』の部分訳は明治の新時代が始まるとまもなく(明治十年代)世に出ているほどである。だから日本におけるアダム・スミス輸入の歴史は、ちょうど百年を数えたことになる。この百年の間に日本の知識人がどんなふうにしてアダム・スミスを受けいれてきたか、どんな目をもってこの思想家を眺めてきたかということは、とりも直さず、日本近代史の文化的な一面にスポット・ライトをあてることになり、いわゆる明治百年というものを反省してみるという意味からいってもなかなか興味のある仕事になると思う。日本におけるアダム・スミス輸入の百年、言葉をかえていえば、アダム・スミスと明治百年ということになろう。これは、アダム・スミスから日本の近代史をみるだけでなく、日本の近代史をもう一度反省し直してみるという立場からアダム・スミスを見直すということを意味するのである。そしてこの後の立場こそ現代日本の要請なのである。

ごく大づかみに観察すると、これまでの日本人の目には、スミスが三つの顔をもってつぎつぎに現われてきたようにみえる。第一の顔は、自由貿易と産業立国によって新しい日本の行手を指し示す導きの星として、経世家の顔であった。だいたいにおいて明治のスミスはこんなふうに受けとられていたと思われる。この時代に『国富論』が『富国論』と訳されていたということ一つをとってみても、ほぼ見当がつくではないか。つまりスミスという人は、いかにしたら後進国日本を富裕で強大な一人前の近代国家に育てあげることができるかというその方策を教えた先進国イギリスの巨星だったのである。

大正期に入るとスミスの顔は一変した。どう一変したかというと、これまでのスミスは日本の富国強兵策の線に沿うて理解されていたのが、スミスをもっとアカデミックな人間としてみようとする機運に変ってきたのである。思想家としてのスミス、道徳哲学者としてのスミス、経済学者としてのスミス、そんなことが熱心に論議されるようになった。明治のスミスは、どちらかといえば、実際家や政治家などのほうへ顔を向けていたのが、大正のスミスはもはや実際家や政治家の手から離れて、学者や教師の手に移ったのである。スミスが生まれたのは一七二三年であったから、一九二三年（大正十二年）はちょうどスミス生誕二百年ということになるわけで、これを機会にわが学界ではさかんな催し物が行なわれた。催し物といっても、もちろん記念講演やら、記念出版やら、展示会やら、そういった種類のものであったが、これが日本のスミスの顔にこれまでとはまるでちがったアカデミックな表情を添加したことを注意してほしい。『富国論』をさかさまにして『国富論』と訳されるようになったのもこの時期のことである。

ここには明治という時代と大正という時代のちがいが大きくクローズアップされているとみたら大変おもしろいであろう。明治は、人も知るとおり、いわゆる文明開化の波にのって進んだ。心ある人たちの目は、狭い身の廻りのいざこざからにわかに広い世界の大海に注がれた。海の彼方には欧米の先進国があり、日本は何もかも後れている。日本は明らかに後進国だ。そこから新しい努力と焦りが生まれる。今日の言葉でいえば、追いつけ追いこせ運動が開始されたのであって、いわゆる文明開化の本質は、後進国日本の近代化ということであったのである。

そこで、日本の近代化という観点から明治のスミス像と大正のスミス像とを比べてみるとどういうことになるか。これは必ずしもスミスに限ったことではないが、近代化の起点においては、スミスであれ、ルソーであれ、ジョン・ステュアート・ミルであれ、なんでも役に立つものは手早くとりいれて利用したいという姿勢が当然に現われてくるものだ。しかし日本はイギリスでもなければフランスでもない。日本には日本独自の人間と社会がある。反撥が直ちに起らざるをえないのは当然である。そこでイギリスやフランスのものよりはドイツのもののほうが、同じ先進国でもより多く日本の国情に合うということになり、たとえばイギリス人スミスの自由貿易主義よりはドイツ人リストの保護貿易主義のほうがより多く日本の国情に合うということになる。では日本の近代化が進むにつれてスミスはだんだんその影がうすくなってきたかというと、けっしてそうではない。日本はイギリスと同じ島国である。日本は東洋のイギリスであるといういい方は、多くの日本人の胸中に心地よい日本の未来像を植えつけたばかりでなく、あの日英同盟(明治三十五年)が結ばれるようになって、この未来像が現実のものとなったようにさえ思われたのである。こういうわけで、スミスへのあこがれはけっして消えはしなかった。しかしながら、スミスをかつぐにしても、リストをかつぐにしても、彼らの思想や理論を深く掘り下げてみようとするのではなく、日本の国策にとってどちらが現実に役に立つかという実際的政策的な姿勢のほうがはるかに強かったということを見落してはいけない。この姿勢が大正末期に入って一変した。それはいま述べたとおりであって、これはあながちスミスや経済学についてのことではなく、その他の多くの文化方面についても同じことがいえるのである。

どうしてこんな大きな転換が生じたのか。この問題は、明治に比べて大正の特色はどこにあるかという問題につながるものだと思う。ここではこの大問題に入ることはできないけれども、ただ一言だけ概括的にいっておけば、明治は個人の自由から始まって強固な国家体制の仕上げをもって終ったのにたいして、大正はその国家から社会へ、そして社会からもう一つ掘り下げて個人へというふうに内面化が行なわれた時期だといってよかろう。こうしてわがアダム・スミスは、為政家の手から学者の手へと引き渡されたのである。これが『富国論』から『国富論』への逆転の意味であった。

4 第三の顔

この時期のスミス研究がどんなに私たちのスミス像をつくり上げるのに役立ったか、それはおいおい述べることとして、ここでは直ちに第三のスミスの顔についてお話ししておこう。

第三期のスミス像はおそろしく専門化したスミス像である。スミスは自由思想家として、哲学者として、道徳哲学者としてもさらに深く研究されるようになった。スミスはたんに経済政策家としてだけでなく、経済理論家として、また経済史家としてもさらに深く研究されるようになった。それればかりではない。スミスは法学者であり、社会学者であり、文明史家であるという非常に広い視角から研究されるようにもなった。私たちのスミス像は、こうしてますますふくれ上るばかりでなく、ますますきめのこまかいものとなってきた。これが終戦後におけるわがスミス研究のごくあらましであって、現在世界のどの国をとってみても、わが国ほどスミス研究が活潑に行なわれており、そしてその水準もけっして低くないという国はどこにも見出しえないのである。

終戦後のこのような活況をもたらすに至った直接の原因は、いうまでもなく、日本が長い間の前近代的な抑圧から解放されたということにある。自由主義と民主主義こそはアダム・スミス復興の最良の基盤なのである。『国富論』は原文のままに『諸国民の富』と訳出されるようになった。時世の変化である。

けれどもローマは一日にして成ったのではない。この活況にまで導いた苦しい準備期があったことを忘れてはならない。それが第二期の果した役割なのであって、私はこのことをもう一度読者の前に指摘しておきたいと思う。というのは、この時期のわがスミス研究家たちはけっして恵まれた環境の下で研究を続けることができなかったからである。英語は敵性の言葉だというので口にすることをだんだん禁止されてきた。商という言葉も当時のファシストにはお気に入らなかった。これはほんの手近かな一例であるけれども、こんな状況の下でどうしてスミス理解の健全な成長がありえようか。終戦後の今日から回想してみると、まるでばかげた夢みたいな話、いやその夢をおしつけられた国民にとってはなんとも堪えがたい悪夢だったのである。

しかしふしぎなことには、この悪夢と戦いながら続けられたわが研究者たちの努力と成果によって、現在日本のスミス研究が世界的水準にまで達しえたのである。なぜか。それはスミスがファシズムへの抵抗のためのすぐれた武器を与えてくれたためである。アダム・スミスは、この激しい風雪の時代において、日本の進歩的知識人にとってありがたいかくれ蓑となったのである。経済学者はもちろんのこと、歴史家も社会学者もこのかくれ蓑を使った。哲学者や文明批評家までもスミスを批判の武器として利用した。わが国のスミス像がともかくもそのあるべき姿にまとめ上げられるようになったのは、まったくこのような試煉の時期をくぐりぬけてきたおかげであるといっていい。

こうして苦難の時代の遺産は第三期へもち越される。人びとはいまや自由に、大胆に思い思いの視角から思い思いのスミス像をつくり上げようとしているように思われるのが現状であって、お隣りの中国の言葉を借用していえば、まさに百家争鳴であり百花斉放である。このことについては先へいってもう少し詳論するつもりであるから、ここではこれ以上は述べないことにする。ただその結果として、私たちのスミス像に容易に統一的なイメージが浮かんでこなくなったというきらいが生じてきたということだけはいっておきたい。専門化の時代は専門家の時代である。これが第三期の特徴であると前にいったのであるが、はたしてこれでよいものであろうか。私自身はどうしてもこの現状に満足することができない。そこでもう一つ新しい、いままでの見方とはまったくちがった総合的な見方が出てこなければならないのである。

5 新しい総合的な見方

バッハはそれ自身一つの大きな海であると、このようにベートーヴェンがいったという。ベートーヴェンに限らず、後世の音楽家たちが、どんなに多くのものをこの音楽の古典から引き出すことができたか。これは音楽史家の研究におまかせするほかはない。現代社会科学者の立場からいうと、アダム・スミスは音楽史におけるバッハだといってもよいであろう。私たちはこの古典的な倉庫から、思い思いに、また時代の要請に従って、これぞと思われる着想や装備を引き出してくることができるのであって、またそれが学問の進歩の上に大いに有意義であることは申すまでもない。だがそうであるとすれば、ここに二つの問題が改めて起ってくることを注意したいのである。一つは、後世からみてどんなに多くの宝ものがスミスの中に再発見され、そしてそれがときとしては矛盾し撞着するようにみえるとしても、スミスその人は一個の人格であり、前近代から近代へのあゆみを戦いぬいた歴史的な人物であったということである。スミスをみるいろいろな目は最後には一つに統一されなければならない。もう一つの問題は、現代日本がスミスに求めるものは何かということである。ここで私は明治百年の意義ということについて考えざるをえないことに気がつくのである。日本の近代化の百年は成功であったか、それとも失敗であったのか。日本の近代化のためにこの百年間導きの星として仰いできた欧米先進諸国の思想家たち——アダム・スミスはその一人であった——の受けいれ方は、これでよかったのであろうか。こういう問題が改めて提起されなければならないのである。要するに、現代のアダム・スミス像はもはやたんに微視的であってはならない。巨視的であることが強く要請されているのである。

以上三つの時期に分けて、日本におけるアダム・スミス研究の推移と進歩の跡を概略してみた。明治から大正にかけてのほぼ五十年、これが第一期で、スミスを国策的な立場からみようとする傾きが強かった。第二期は大正の末期から終戦に至るまでの二十五年間で、スミスを社会思想家、社会科学者として学究的に総合的にみようとする傾向が打ち出された。これは研究者の時局への抵抗の姿勢と結びついていた。第三期は専門化と専門家の黄金時代である。そこにはもはや時局に抵抗するというような、第二期にみられた巨視的な姿勢がしだいにその影をひそめた。いうまでもなく、日本にはまだ前近代的なものが多分に残存しているので、古いスミスのイメージはそのかぎりで温存されていくであろう。しかしながら、日本はいまや社会主義共産主義の問題と対決しなければならなくなっているし、他方アジアの指導的な国民として、すなわちアジアの先進国として、いわゆる低開発国の問題に対処しなければならなくなっている。東西問題と南北問題が一度に私たち国民の上に襲いかかっているわけである。スミスはただ後向きにのみみられてはならないことがこれでよくわかると思う。

ここから新しいスミス像をつくり上げるきっかけが出てくるであろう。一つは東西問題を手引きとしてスミスを見直すということである。近代化とその行くえについて現代は一応の結論をもっている。この観点からスミスを見直すのである。十八世紀のイギリスにとってスミスがもっていた意味は、彼がまぎれもない近代化の闘士であったということである。十八世紀の終りから十九世紀を通して、スミスがヨーロッパの各国をはじめ、ロシアや日本などで熱く迎えられたのはこのためである。しかし私たちは、すでに近代化の限界を見とどけうるようなもう一つ新しいところへきているともみられる。これが資本主義にたいする社会主義共産主義の問題である。ここに近代とはちがった現代の意味があるといえるであろう。スミスはこの立場から見直される。

つぎにもう一つのきっかけは南北問題である。かつての後進国日本もいまではアジアでは先進国である。アラブ＝アフリカの諸国を含めて、アジアの諸地域にたぎっているナショナリズムの動きは、この南北問題を特徴づけるものとなっているが、ひるがえって考えてみると、わが国でも実は同じ歴史をもっていたことがわかる。近代化とナショナリズムとは車の両輪のようなものであることが知られるであろう。これは非常に重要な現代の新しい感覚なのである。

こういう目でアダム・スミス自身を見直してみるとどういうことになるか。十七、八世紀のイギリスは、まだオランダなどに比べてみれば後進国であり、これからヨーロッパの覇者となるべく奮起しなければならない状態におかれていた。イギリスの国内でいえば、スミスが生まれたスコットランドという国は、イングランドに比べてはかなり後進国であった。こういうところから、スミスにはスミス特有のナショナリズムが生まれてくるのである。これを一言でいうと、近代化の闘士としてのアダム・スミスは、実はイギリス・ナショナリズムの闘士でもあったということになるであろう。これはまたなんという驚くべきスミス観であるのか。読者の中には、私のこの発言にびっくり仰天してしまうような方が、あるいは少なくないかもしれないと思う。たしかにこれは、自由主義者としてのアダム・スミス、インタナショナリストとしてのアダム・スミスといったようなこれまでの一般のイメージからはかなりかけはなれたアダム・スミス観であるには相違ない。しかし少数ながら、こういう見方をする学者もぼつぼつ出かかっているのであって、私だけの意見ではないのである。どうしてそのようなことがいえるのか。まずスミス自身の時代と生涯の中からその理由を明らかにしてみることにしたい。

二　スミスの時代と生涯

1　思想家とその時代

思想が時代をつくるのか、時代が思想をつくるのか。これは、すべてすぐれた思想家の活動や業績を祖述しようとするときにいつでも起る問題である。ほかのいい方をすれば、英雄が歴史をつくるのか、それとも歴史が英雄をつくるのか、こういうことになるであろう。昔からこの大問題についてはいろいろの考え方があったし、現在もなおいろいろの考え方がありうる。もしシーザーが生まれなかったなら、もしナポレオンが生まれなかったなら、もしレーニンが生まれなかったなら、今日の歴史はどんなに大きく現在あるがままの歴史とちがったことであろう。このようにみるのが、歴史における個人の役割にアクセントをおく考え方である。これにたいして、たとえシーザーが生まれなくとも、ナポレオンやレーニンが生まれなくとも、歴史はその大筋においては現在とあまり大きくはちがっていないであろう。このようにみるのが、歴個人にたいする歴史的環境の役割を重視する考え方である。

どちらの見方が正しいのか。はじめて歴史や思想の書物を読み、いくらか自分でものを考えはじめるころの青年にとって、これは興味はあるが、いくら考えても容易に結論が出そうもない大問題となるであろう。青年たちはときには徹夜でこのテーマをめぐって討論の花を咲かせるかもしれない。(筆者である私自身も若いときにはそんな思い出をもっている。) この論争はさらに発展して、観念論か唯物論かという哲学上の問題へ、天才か大衆かという芸術上の問題へとひろがっていくであろう。しかしながらいくら徹夜で論争の花を咲かせてみても、このような一般論抽象論ではなっとくのいく結論が出てくるものとは思われない。とどのつまりは水かけ論に終るか、自分でなんともすることのできないディレンマに陥るほかはなかろう。

それもそのはずだ。どうやら問題のたて方に大きな欠陥があるのではないのか。それは、にわとりが先か卵が先かというあの問題のたて方に似てはいないだろうか。そんなふうに思い直してみるがいい。たしかにそれに似たところがある。論理が空転するのはあたりまえである。私たちはすぐそのことに気がつくであろう。しかしすぐれた思想家と時代環境の場合は、にわとりと卵の場合とはいくらかちがいはしないであろうか。たしかにいくらかちがっている。こんなふうにも考えられるであろう。つまり一般論抽象論だけでは、この場合あまりたいした役に立たないことがわかってくるであろう。私たちは、シーザーとその時代の結びつき、ナポレオンとその時代の結びつき、レーニンとその時代の結びつき、そういう点を個別的にしらべていくほかに、先の問題に答える道はないことを発見するであろう。一般論や定式論はそれから後のことである。ではわがアダム・スミスの場合はどうであろうか。

2　十八世紀とはどういう世紀か

アダム・スミスは一七二三年に生まれて一七九〇年にこの世を去った。だから彼は完全に十八世紀の人であり、十八世紀のもっとも核心部を生きた人であったことがわかる。それでは十八世紀とはどんな世紀だったのか。まずこの点から入っていくことにしよう。

ごく巨視的にいえば、十八世紀は旧秩序から新秩序への大きな過渡期であったということができるであろう。ここで旧秩序というのは、前近代的な秩序のことであり、封建的秩序のことであり、その最後の形として現われた絶対主義的な秩序のことである。これにたいして新秩序というのは、近代的な秩序のことであり、資本主義的な秩序のことであり、市民的自由の秩序のことである。こういうわけで、十八世紀という世紀は、封建体制から資本主義体制への転換が大きく歴史の日程に上ってきた世紀だといっていいであろう。といってももちろんこれは西ヨーロッパの諸国を中心としてみた話ではあるが、いわゆる近代化の歴史の波が西ヨーロッパのこの時期から急に大きく高まったという意味で、私たちはまずこの時期に焦点を合せてみるのがよいと思う。

十八世紀の西ヨーロッパ諸国といっても、まず私たちの目に映るのは、スペインやオランダ、イギリスとフランスなどの諸国であり、それにドイツやオーストリアの諸国、さらにロシアなどの諸国であろう。そのうちでもイギリスとフランスがこの世紀の主役として登場し、十八世紀をまさに十八世紀的な世紀としてもり上げる働きをしたことをいっておかなければならない。たとえば一七六〇年代から始まったイギリスの産業革命、一七七六年にその頂点に達したアメリカの独立戦争、一七八九年にその爆発点に達したフランス革命、という三つの大きなこの世紀の歴史的事件を思い起していただきたい。これらはどれもイギリスかフランスの中での出来事ではあるけれども、前の時代(十七世紀)からの訣別とつぎの時代(十九世紀)への開幕を知らせるものとしてもっとも代表的な事件であった。この三つの事件がその後の全ヨーロッパの歴史ばかりでなく、わが国や東洋の諸国をも含めて、世界の全歴史の上に決定的な影響力をもっていたことはいまや諸国民の常識である。日本の近代化の問題ととり組むために、どうして十八世紀、とくにその後半の研究が必要となるのか、その次第をここから理解することができるであろう。

ところでイギリスとフランスが旧秩序から新秩序への大きな歩みを最初に歩み出した国だと

いっても、両国の間にはもちろん大きな国柄のちがいがある。つまりその歴史的社会的な事情がちがうのである。イギリスはすでに十七世紀のうちにこの道を歩き始めており、イギリスにとって十七世紀は内乱と革命の世紀であった。この世紀の半ば(一六四九年)に国王チャールズ一世は断頭台上の露と消えた。そして、この世紀の終りに起ったあの名誉革命(一六八八年)の結果として古いものと新しいものとの妥協が一応成立したが、この妥協が抱えているいろいろな矛盾が十八世紀の前半にもち越されたのである。これにたいしてフランスでは、十八世紀の半ばになっても旧秩序の癌はとり除かれなかったばかりでなく、かえってますます拡大し悪化していった。こうしてアンシァン・レジーム(古い秩序)という言葉はフランス絶対主義の代名詞となった。この癌は思いきった大手術によって除去されることになり、国王(ルイ十六世)や王妃(マリー＝アントアネット)など多くの貴族たちがつぎつぎに断頭台上の露と消えなければならなかった(一七九三年)。イギリスに比べて百五十年の後の悲劇なのである。これでみても両国の国柄のちがいというものを一応想像することはできるであろう。

3　イングランドとスコットランド

しかしながら、イギリスといっても実は今日私たちが考えるようなイギリス、グレートブリテンではなかった。スミスの生涯と活動を正しく理解するためには、以上述べた十八世紀のイギリスとフランスという国がもっていた歴史的な役割のほかに、イギリスという国自体の特殊な成り立ちについて、もう一歩深く知っておかなければならない。

イングランドとスコットランドが合邦して一つの国となったのは一七〇七年のことであった。それまではこの両国は同じ島の上にありながら別の国であった。またイングランド・アイルランド合同法案が通過したのは一八〇〇年のことであったから、十八世紀にはまだ私たちのいわゆるイギリスというものは存在しなかったわけである。イングランドとスコットランドとアイルランドでは、言葉がちがうばかりでなく風俗、習慣、宗教なども同じでない。とくに政治的経済的にそれぞれの問題を抱えこんでいるので、たとえば私たちが明治維新以前の日本をみるような目で当時のイギリスというものを何か一つのまとまったものとしてみるならば、とんでもない見当ちがいを犯すことになるであろう。アイルランド問題というものが、この世紀ばかりでなく、つぎの十九世紀にいたるまでずっとイギリスの為政者や学者の頭を悩ます問題として残ったことを想起すべきであろう。だがアイルランド問題はさし当り私たちの問題ではない。スミスを把握するためには、まずスコットランドが、そしてスコットランドとイングランドの関係が知られなければならない。以下イギリスの社会史の権威であるトレヴェリアン*によって少しばかり説明を加えておこう。

* G. M. Trevelyan: Illustrated English Social History, Vol. 3, 1964.（ペリカン・ブック）

長い間イングランドとスコットランドとは敵対関係にあった。しかしエリザベス朝のころカトリックの反動から島を守るという共通の利害のために積極的な敵対関係をとることをやめた。しかし彼らは異なった教会組織をもっていたので、彼らの社会生活、知的生活もおのずから異なったものとなっていた。

一七〇七年スコットランドとイングランドの合邦が行なわれた結果として、スコットランドは自己の議会を失ったけれども、その代りにイングランドの市場と植民地に全面的に参加することになった。この権利によってスコットランドは、いままでいつもつきまとってきた貧困を除去する機会をつかんだのである。しかし最初の数十年間、合同の利益ははっきりしたものとはならなかった。スコットランドには北部の高地と南部の低地があって、両者のひらきから面倒な高地問題が発生していたが、この問題が一応の解決をみた十八世紀の半ば以後、スコットランドは明るい未来をめざして歩きはじめた。スコットランドは、イギリス帝国の通商と植民地形成、数々の戦争――この世紀には戦争の絶えまがなかった――、インド統治に参加するようになった。こうして、長年貧困という獄屋にとじこめられていたスコットランドは、突然繁栄に向かって突進したのである。この繁栄に育くまれて、スコットランドには雲のように指導的な知識人が出現した。たとえばヒューム、スミス、ロバートスンなどは大陸の哲学者たちにも影響を与え、スモレット、ボズウェル、バーンズなどは文学の面で彼らの故郷を有名なものにした。かくしてスコットランドの知識人は世界の思想をリードするようになり、物質的な繁栄からみても、知的な興隆からみても、十八世紀の後半はスコットランドの黄金時代となったのである。

とくに農業における改善や交通の発達により、高地と低地との分裂と敵対関係が収束して、スコットランドは一つになったことを注意したい。さらにこの世紀の半ば以後、貴族たちによる私的な裁判が法律的に禁止されて、スコットランド人は封建制度の最後の悪から解放されたといわれる。他方、スコットランドの西海岸にあるグラスゴウを拠点とするアメリカ貿易と西インド貿易(主としてタバコと原綿)によって、世紀の初めにはわずか一万二千そこそこの人口しかもたなかったこの商業の地、大学の地は、一八〇〇年までにイングランドのいかなる地域にも匹敵するほどの商工業地域にまでのし上った。

以上トレヴェリアンのイギリス社会史を手引きとして、十八世紀におけるスコットランドとイングランドの関係を概観してみた。この関係を一口でいえば、当時のイングランドは先進国であり、これにたいしてスコットランドは後進国であった。もちろん両者の間に相互の交流が行なわれたことはいうまでもない。しかしながら、後進国であるスコットランドの側からみれば、後進国特有のコンプレックスがあったことは否み難いであろう。イングランドとの合邦によって扉は開かれた。追いつけ追いこせ運動が当然に始まらざるをえない。ただこの運動は、初めはきわめて緩慢に、そして終りには脱兎のごとき急テンポで行なわれたことは以上にみたとおりである。私たちはどうして十八世紀後半のスコットランドが、つぎつぎとすぐれた思想家や学者や文学者を輩出することができたのか、その理由をほぼ推察することができるであろう。

4 青年期までのスミス

ではスミスという人はどんな人物であったのか。スミスは十八世紀以後の自由主義思想に革新的な影響を与えたけれども、彼はレーニンのような革命家ではなかった。スミスはまた近代社会科学のものの見方考え方を打ち立てた最初の人であったけれども、マルクスのように波乱にみちた一生を送ったわけではなかった。研究者としての不断の努力と革新の情熱を胸の奥に秘めながら、彼は一生をひかえ目で比較的平和な生活のうちに送ることができた。彼はしばらくグラスゴウ大学教授の職にあり、晩年にはこの大学の総長に選任された。これはもとより彼にとって非常な名誉であったに相違ない。しかしこれから明らかにするように、スミスの名はなんといっても、その二大著書である『道徳感情論』と『国富論』によって歴史のページの上に大きく残されている。スミスという人はきまじめで、勉強家で、もの覚えがよく、どちらかといえば極端をきらう端正な人格の持主であった。彼は女性についてはいたって不器用で、結婚のチャンスをつかむこともなく、終生独身で母と一緒にその生涯を終った。いくつかの点でスミスはプロシャの哲学者カントに似たところがある。カントもまた前近代的な迷妄ときびしく戦い、スミスと同様きまじめで、学究的で、一生独身で終った。以下スミスの生涯を三つの時期に大別して彼の思想と人柄を略述することにしたい。*

* 以下スミスの生涯については、水田洋『アダム・スミス研究入門』(未来社)および、水田洋訳『国富論』(「世界の大思想」(河出書房)下巻の解説「スミスの生涯と著作」の助けをかりた。とくに後者はすぐれたもので、少し水準の高い読者におすすめしたい。

アダム・スミスは一七二三年、スコットランドの東海岸の港町カーコールディの税関吏の次男として生まれた。父は彼が生まれるすぐ前に死んだので、彼はその遺産によって母の手一つで育てられた。カーコールディの町は、スミスが生まれたころには、北海貿易の一中心地であり、付近には製塩、製釘、炭鉱業がさかんであった。スミスは少年時代からこういう工場の内部をみる機会が多かったであろうと思われる。十歳になってカーコールディの町立学校に入学したが、彼はすでにこのときから、勤勉と読書欲と記憶力の点で群をぬき、大学進学のために必要な古典と数学を十分身につけた。こうして一七三七年にグラスゴウ大学に入学することになった。そしてこのことは、その後のスミスの思想の形成にとってきわめて重要な意義をもったのである。

グラスゴウという町は、さきにもいったとおり、西インドや北アメリカとの貿易にもっとも有利な地理的条件をもった港の一つであったから、イングランド諸港の妨害もうけはしたが、スミスの生まれたころからそれをのりこえて、洋々たる発展のスタートをきっていた。十四歳のスミスがこの町の自由な雰囲気の中でどんなに大きな影響をうけたか、想像するに難くはないであろう。

カーコールディのアダム・スミスの家
(1834年にとりこわされた)

この自由な雰囲気というのは、植民地貿易からくる経済的な繁栄のせいばかりではなく、この町がもっていた政治的な態度のせいでもあった。スコットランドには十七世紀以来もちこされてきたジャコバイトの運動というものがあった。これはイングランドとスコットランドの敵対的な関係から発生したもので、保守的反動的な勢力とむすびついていた。一七一五年と四五年の二度の反乱が有名である。どうしてこのような反乱が起きたのか。それは後進国スコットランドの先進国イングランドにたいする不満と、国内における前近代的な諸勢力とのむすびつきから起きたものであった。すなわち、一七〇七年の合邦によって、スコットランドのある産業は、イングランドの先進産業との自由な競争にさらされ、他の産業は、イングランドの政策によっておさえられた。二度の反乱はそういうスコットランド人の不満の爆発なのである。これにはさらに、スコットランドの中でもまたおくれている北部の高地の氏族制度がバックとして働いていたことを思い合せると、この運動の反動性が一層よくわかるであろう。スミスの家系には反ジャコバイトの血が流れていたのであるが、グラスゴウという町の政治的な立場も、スコットランドのほとんど全地域の動向に反対して、はっきりと反ジャコバイトの立場であった。二度の反乱は敗北に終った。そしてグラスゴウはスコットランド近代化の尖兵としてスミスの前に現われたのである。

十八世紀の初頭においては、スコットランドの大学は沈滞していた。これは前世紀において、宗教的政治的理由から二度にまでわたって行なわれた大学教授の追放の結果である(トレヴェリアン)。しかし当時のグラスゴウ大学は、オックスフォードやケンブリッジよりも水準が高く、進歩的であって、オランダのレイデン大学と並んで、新しい学問を代表していた。なぜか

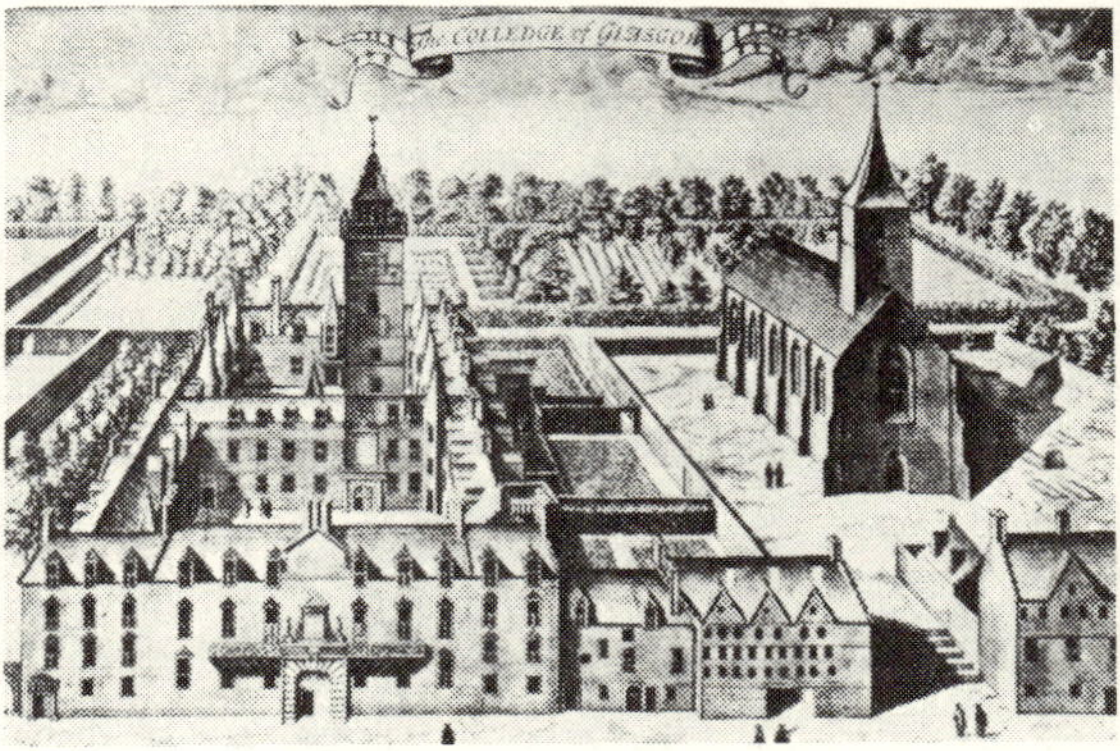

スミス時代のグラスゴウ大学全景

というと、オックスフォードやケンブリッジは宗教的および政治的な権威によって保護された排他的な独占団体であったからである。(スミス自身がやがてこういうオックスフォードの雰囲気を、身をもって体験することになることについては後で述べる。)これに反してスコットランドやオランダの大学は、宗教的偏見から比較的自由であったから、学問を「神学の婢」とすることがなかった。とくにプロテスタントの流れに属する人たちは、神と個人を直結し、個人の良心を尊重する傾向をもっているから、おのずと学問・思想の自由への道を開くことになる。そういう道を進んでいたのが、主としてスコットランドやアイルランドのプロテスタントを学生としたグラスゴウ大学であり、スミスが入学した当時、新思想の指導者としてフランシス・ハチスン教授がいた。

ハチスンは道徳哲学の教授であったが、ちょうどスミスが入学した年に、その講義内容が長老派（カルヴィン派の一分派）公認の信仰個条に反するという理由で教会の非難をうけた。ハチスンの思想は、神のための人間という見方から人間のための神という見方へ、つまり人間中心の自由思想へ脱皮していったためである。学生たちはハチスン教授を支持し、大学もまた、学問の自由のために教会と戦った。入学早々の若きスミスが、このような新旧思想の対立抗争のありさまをみずから体験することによって、どんな刺戟をうけたか、容易に想像できるところである。

スミスはグラスゴウ大学を卒業して学位をとるとともに、スネル奨学金の給費生としてオックスフォード大学のベリオル・カレッジに入学することを許された。スミスが非常な優等生であったことが知られる。しかし当時のオックスフォード大学は、前にも書いたとおり、沈滞の底にあり、この若き異国の研究者にとってこの大学はほとんどなんの魅力もなかった。後年スミスが『国富論』の中で、「オックスフォード大学では、大部分の大学教授は、現在まで多年にわたって、教えるまねをすることさえまったくやめている」と書いたのは、スミスのスコットランド意識もさることながら、この大学の沈滞ぶりをよく示している。オックスフォード大学は、学問的に沈滞していただけでなく、政治的には反動的であり、しかも伝統と特権の上にあぐらをかいて気位だけは高かった。その中でスミスは、一方ではスコットランドの田舎者と

カーコールディにあるアダム・スミス・メモリアル・ホール全景

して軽蔑され、他方では反ジャコバイトの進歩派として白眼視されたという。彼は自室で、当時危険な書物と目されていたヒュームの『人性論』を読みふけっていたところを発見され、書物を没収されてしまった。哲学者ヒュームはスミスより少し年上で同じスコットランドの人である。後にこの二人は無二の親友となるのだが、ここでは、こうしてスミスのスコットランド意識というものがその青年時代に培われていったことをいっておきたい。

六年にわたる留学中、彼が実質的にえたものはギリシャやローマの古典についての深い教養であった。その点ではさすがにこの由緒ある大学の図書館は、彼にとって貴重な助けとなった。たまたまスコットランドでジャコバイトの反乱が起り(一七四五年)、スミスはこの大学で勉強を続けることがますますおもしろくなってきたので、B・Aの資格をとっただけで中途退学し、反乱の余燼がまださめない故国へ帰った。一七四六年の夏、彼が二十三歳のときであった。彼は生まれ故郷のカーコールディで、しばらく母とともにくらすことになる。はじめ彼がうけたスネル奨学金には、国教会牧師になるという条件がついていた。しかしこれは慣行上形式的なものとなっていたし、スミス自身も牧師ではなく学者として立とうと考えるようになった。

5　学者として世に出るまで

スミスが学者として世に出る最初のきっかけはまもなく与えられた。それは一七四八年、四九年、五〇年と、三回の冬にエディンバラで行なわれた公開講義である。エディンバラは、当時スコットランドの首府であって、東海岸の重要都市であり、カーコールディとは入り海一つへだてた向こう岸にあった。そしてこの講義を計画したのは、当時のエディンバラにおける文化運動の指導者ケイムズ卿(ヘンリ・ホーム)と、スミスのおさな友だちオズワルドと、母方の親戚ロバート・クレイギーであった。この講義の内容は、アダム・スミスの研究家スコット教授によると、文学について二回、法学について一回であった。これにより彼の名声が高まり、その後まもなくグラスゴウ大学教授の栄冠を獲得することになる。しかしここで注意しておきたいのは、スミスの学者としての出発がまず文芸批評から始められ、法学についての考察がこれに続いたということである。スミスの中心思想は彼が身につけてきた古典主義のそれであったと思われる。そしてもう一つだいじなことは、この法学に関する講義の中で、スミスが後年展開した政治的経済的自由の主張が芽を出していると推定されることである。

たまたまグラスゴウ大学の論理学の講座が空席となった。その後任教授としてスミスに白羽の矢が当った。一七五一年、スミスが二十七歳のときのことで、こうしてスミスは十一年ぶりで母校に戻ったわけである。ちょうどこのころかと思われるが、スミスは学生時代に耽読した『人性論』の著者ヒュームに出会うことができ、それから両人の終生の親交が始まった。スミスにとってその師ハチスンがいつまでも忘れえぬ人であったと同様に、この友の存在は生涯の心の支えであった。後にスミスが『国富論』の執筆のためひどく健康に自信を失ったとき、ヒュームを自分の遺言執行人に指定したのは有名な話である。しかし実際は年上のヒュームをスミスが見送ることになったのは、まず「事物自然のなりゆき」だったといわなければなるまい。

スミスの論理学に関する講義は革新的なもので、内容的にも形式的にも伝統を破ったものといわれる。まず形式的には、スミスの講義はラテン語でなく母国語で行なわれた。これはその師ハチスンが道徳哲学において試みたことで、スミスは同じことを論理学において行なったのである。ともに革新的な試みであったのはいうまでもない。それとともに内容的には、これまでのスコラ的な論理学や形而上学から、生きた人間の思考や表現の問題に人びとの目を向けた。ここでも神から人間への下降が行なわれたわけである。エディンバラ講義の中の文学や修辞学の話が論理学の中で重要な役割を果すようになり、従来の無味乾燥な講義にあきていた学生たちは、当然スミスの講義にひきつけられたのである。

スミスがこの講義を始めたとき、道徳哲学教授のクレイギーが病気で休講したので、スミスはその代講もすることになった。クレイギーはまもなく死んだ。そこでスミスの希望により、彼は道徳哲学の講座に転ずることになる。むろん反対者は一人もなかった。彼は論理学講座の後任としてヒュームを推薦したけれども、ヒュームは無神論者であるという理由で、学外からの非難が強く、大学当局もついにこんどはこの非難に抵抗することができなかった。ついでながら、ヒュームは評判のよくない無神論者だとしても、スミス自身は無神論者というべき思想の持主ではなかった。ただ、スミスにしても、講義の前の祈りをやめたいと申し出て大学当局を驚かせたり、教会の鐘がなっているときにわざわざ散歩に出かけたりするといったような、反教会的な気もちがあったらしい。後にスミス自身もヒュームのことで無神論者だと攻撃されることもあったが、彼は別にたいして気にもかけなかった。

外部の攻撃はこれだけではなかった。エディンバラの文化運動の一つとして発行された『エディンバラ評論』も、ヒュームを除外して企画するというほどの慎重さにもかかわらず、わずか二号で廃刊をよぎなくされた。しかしながら暗い話ばかりではない。前にもいったとおり、グラスゴウはすでにそのころ植民地貿易を中心として経済的繁栄への道を辿り、「町に一人の乞食もなく、子どもでさえもいそがしかった」といわれる。スミスはここで彼の経済的自由主義の思想と理論を伸ばしていくチャンスに恵まれることになったし、前記の『エディンバラ評論』に寄稿して進歩的な文化運動の一翼を担うことができた。だがなんといっても重要なのは、グラスゴウ大学そのものの雰囲気であった。ここには近代的化学観の創始者として名をあげたジョセフ・ブラック教授がおり（彼は潜熱の発見者として有名）、自然哲学の若手教授としてアンダスンがいた。いずれもスミスよりも年少で活気に溢れていた。そこへ蒸気機関の画期的改良者として歴史に有名なジェイムズ・ワットがやってきた。* もちろん教授としてではなく、大学の構内で自由な研究と実験をなすだけの席を与えられたのである。ワットがこのような便宜をえるためには、ワットが市民権をもたないという理由で外部の抵抗があったけれども、大学当局はこの抵抗を排除した。その結果として大学の学問的雰囲気が一層活気をおびるようになった。（もっともワットのこの研究は、グラスゴウではなく南方のバーミンガムで花が咲いたのではあるが、グラスゴウ大学――ジェイムズ・ワット――産業革命というつながりがここから生まれてきたことを忘れてはなるまい。）

＊　ブラックやスミスやワットの関係についてはクラウザー著、鎮目恭夫訳『産業革命期の科学者たち』（岩波書店）

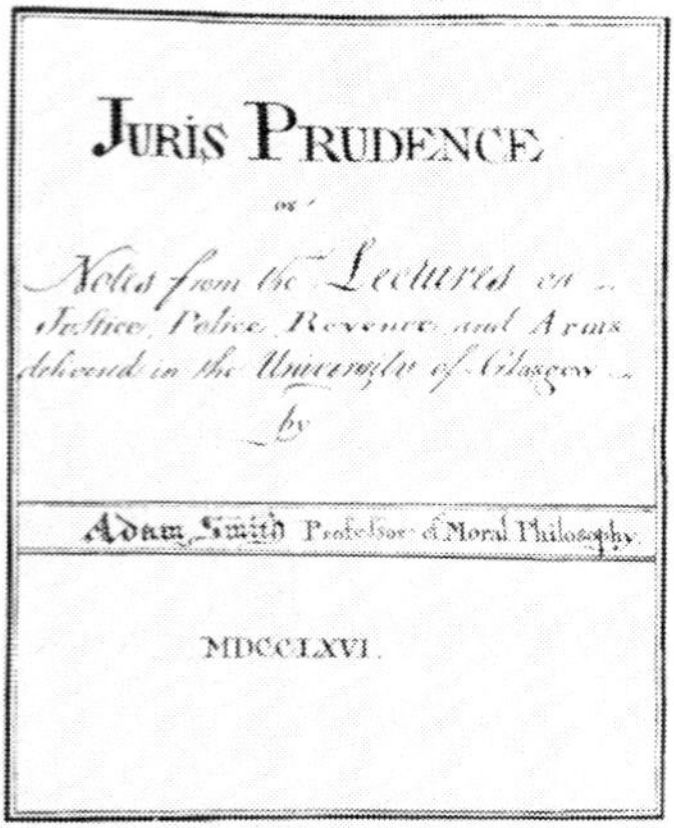

『グラスゴウ大学講義』ノート

をみられたい。

そこでスミスの道徳哲学講義の中身について述べよう。スミスの講義は、一、自然神学　二、倫理学　三、法学　四、経済学の四部門から成っていたといわれる。その詳細はよくわからないけれども、その一部は、後にスミスの聴講生のノートが発見され、キャナン教授の手によって公けにされた（一八九六年）。今日『グラスゴウ大学講義』*とよばれているのがこれである。ここでは経済学に関するものが法学の一部として扱われていることに注意したい。と同時に法学も経済学も、スミスにとっては、広く道徳哲学の一環として扱われていたことを重視すべきだと思う。

* 高島、水田訳『グラスゴウ大学講義』（日本評論社）

ついにこの講義の核心的な部分が、一七五九年に『道徳的諸感情の理論』として公刊された。（戦前わが国ではこれを『道徳情操論』*と訳していたが、いまでは『道徳感情論』と訳されるのが普通である。）いうまでもなくスミスの第一の主著である。道徳という名まえをもっているけれども、この書物の内容は、今日の言葉でいえば、狭い意味の倫理学ではなくて社会哲学原理というべきものである。いずれ後にその中身をもう少し詳しく説明するつもりである。ここではただ、この名著によって、学者としてのスミスの地位が定まり、その名声が全ヨーロッパにひろがったことをもう一度述べておきたい。グラスゴウの市民の中には、スミスの講義だけはききたいといって集まる聴講生が跡をたたず、設立後まもないモスクワ大学は二人の留学生を送ったほどである。この書物はスミスの生存中六版を重ね、彼は押しも押されもせぬヨーロッパ一流の学者の地位にまでのし上っていったのだが、しかし『道徳感情論』の出版以後スミスの講義の中心は、しだいに法学や経済学のほうへ移っていった。こうして近代的な社会科学者としてのスミスの顔が、しだいに私たちの前に明らかとなるのである。改めていうまでもなく、第二の主著『国富論』がそのシンボルである。『国富論』はただの経済学の書物ではなく、経済を中心としてみた社会科学の書であり、いやもっと広く、経済を中心としてみた近代文明の社会科学的な把握の書である。このことについては後で十分明らかになるであろうが、以上のいきさつからみてもほぼ理解されうるのではあるまいか。念のためにあらかじめ一言しておきたい。

* 米林富男訳『道徳情操論』(日光書院)

けれどもこの仕事はグラスゴウ大学では完成しなかった。スミスはバックルー公の旅行つきそい教師として大陸へ渡ることになったからである。スミスとしては生まれてはじめての大陸旅行という絶好のチャンスである。彼はグラスゴウ大学教授の職を辞し、バックルー公とともに大陸見聞の旅に上った。これが『国富論』への結実にいかに大きく役立ったか。第三期の興味はこの点に集まるであろう。

6 『国富論』の前と後

スミスがバックルー公のつきそい教師として大陸に渡ることができるようになったのには、一つの前提があった。それはイギリスとフランスの間に久しぶりで平和が戻ってきたということである。すなわち一七五六年に始まったいわゆる七年戦争が、ちょうど六三年に終ったのである。

十七世紀から十八世紀にかけて、ヨーロッパ諸国の間には対立と抗争が絶えなかった。これらの諸国は条約や陰謀や戦争などの手段により、興亡の絵巻を展開した。スペインやオランダ、イギリスやフランス、プロシャ、オーストリア、ロシアなどの名がしばしば歴史の舞台に登場する。これらの諸国はいずれも近代的な国民国家をつくり上げるための苦闘を続けていたのである。この間イギリスとフランスの関係もしばしば危機に陥り、争乱がくり返されてきたが、七年戦争はその破局の一応の決算をもたらした。というのは、イギリスはこの戦争で有利な地歩を占めたばかりでなく、アメリカやインドの植民地においても同時に有利を占め、これらの植民地からフランスの支配を駆逐することに成功したからである。こうして平和がもたらされた。イギリスにとっては近代化への一歩前進であり、フランスにとってはアンシァン・レジームの没落への序曲であった。

破局を二十数年後にひかえていたフランスをスミスがどのようにみたかは明らかでない。けれども彼がこの旅行からかなり多くのものを吸収したことはたしかである。最大の収穫は、フランソワ・ケネーとその一派の人びとと会い学問上の交歓をしたことであった。ケネーとその一派は、人も知るとおり、自分たちをエコノミストと呼んでいたが、後の人は彼らをフィジオクラット（重農学派）と呼ぶようになった。彼らはいずれもフランス絶対王制の経済的社会的危機をみぬいて、その建直しのために苦慮していたのである。もともと医者であったケネーは、社会を一個の肉体のようにみたてて、この肉体がいつまでも健康を維持し成長していくためにはどんな条件が必要であるか、というよりは、どんな法則が支配しているかということを発見し、それにもとづいて適切な診断書を書こうとした。この診断書を一と目でわかるように図表で示したのがあの有名な『経済表』なのである。それによると、人間は自然に働きかけ（労働）、食糧や原料を獲得し（農業生産）、それを加工し（加工業）、これらの製品を流通させ（商業）、こうして社会という肉体が全体としていかに秩序正しく成長し発展していくかということが、一目でわかるように表示されている。

スミスがこの『経済表』をみたかどうかはわかっていない。秘密出版であったから、多分彼はみていないであろう。『経済表』はみなかったとしても、ケネーたちとの思想の交流によって、そのもっとも重要なキー・ポイントを評価し摂取することはできたであろう。たとえば、人間は生きるためには何よりもまず自然に働きかけ、そこから資財を獲得しなければならないということ、つまり土地と労働の生産物が国の真実の富であるということである。さらに、土地と労働の生産物は工業によって加工され、商業によって流通させられ、こうして社会の全体が年々に生産と再生産をくり返していくことができるということ、たんに再生産ばかりでなく、拡大した再生産を続けていくことができるということなどである。それからもう一つ。この社会の全体がケネーにとっては、地主と農業者と商工業者という三つの大きな階級からできているということ、そしてちょうど血液が人体を循環して諸器官に栄養をとどけるように、貨幣がこれらの三大階級の間を循環して、土地および労働の年々の生産物の補給を滑らかにしてくれるという思想は、多分スミスにとって大きな示唆となったであろう。

ケネーはスミスと同様にたんなる経済学者ではない。彼はまず哲学者であり、そして経世的な思想家であった。アンシァン・レジームに反対して事物の自然に従った自由な秩序の熱心な提唱者であった。だからスミスとの間に同感が成り立ったのはきわめて自然のことである。スミスが後年『国富論』の中で、どんなに大きな賞讃の言葉をケネーに贈ったか、それはそこへいってから述べることにしたい。

スミスはその人柄と名声のため多くのサロンに出入りし、一座の花形となった。これには、たまたま外交官としてフランスにやってきたヒュームの紹介も力があった。スコットランドでは無神論者として悪名の高かったヒュームも、フランスではそんなことはたいした問題ではなかったとみえる。いずれにしても、ヒュームはスミスのよき友であった。それに、なんといってもフランスはれっきとした文化的伝統の持主である。スコットランドは、イングランドとの合邦が実現する以前には、直接フランスと交わることが多かったのであるから、ヒュームやスミスが平和回復後のフランスで快く迎え入れられたのには、歴史的ないきさつがないでもなかったと思われる。

こうしてスミスは、ドルバックのサロンではディドロ、テュルゴーなどを知り、レスピナスのサロンではダランベール、コンディヤック、ギボンなどを知った。いずれも当代のもっとも進歩的な思想の持主ばかりである。とくにドルバックやディドロやダランベールなどのフランス唯物論者との思想の交流が注目されるのである。それからスミスはスイスへも旅行して、ヴォルテールやルソーにも会っている。この二人のすぐれた思想家からスミスが何を受けとったかは、これもまた明らかでない。しかしヴォルテールはイギリスへ旅行してイギリスの賛美者となっており、ルソーはルソーで、その社会思想の基本をイギリスのホッブズやロックからひき出している。そしてスミスがこの両人を尊敬していたこともたしかである。十七、八世紀以来、イギリスとフランスの間には文化的にも不断の対立と交流があった。モンテスキューの『法の精神』はイギリスの議会制度をモデルとして書かれたものだといわれ、後にスミスも『国富論』の中でたびたびこの書物に言及している。

スミスは二年九カ月のフランス滞在の後、一七六六年にイギリスへ帰った。しばらくロンドンに滞在した後故郷のカーコールディに戻ってきた。故郷での十年に近い研究と執筆の生活が『国富論』となって実を結ぶことになる。『国富論』は、スミスがしばらくフランスのトゥルーズにとどまったとき退屈をまぎらすために書き始めたものだともいわれているが、*これを一冊の大著に完成するためには、身をけずるほどの苦闘が続けられたのである。スミス自身は、後年このときを回顧して、「一生のうちでこれほど幸福で快適で満足であったことはないと思われるほどだ」といっている。多分なつかしい故郷で愛する母とともに研究三昧にふけることができたせいであろう。しかしさすがのスミスもついに健康を害してしまい、一七七三年の春、ほぼ完成した原稿をたずさえて、彼がロンドンに向かおうとしたときは、『国富論』の出版まで生き長らえられぬかもしれないと思うようになり、旅の中途からヒュームを著作に関する遺言執行人に指名したほどであった。(ところが反対にヒュームの死をスミスが見届けることになり、それについての文章がもとで、スミス自身が無神論者の非難をうけなければならなかった。ただ幸いなことにはヒュームの死はスミスの著作が出てから数カ月後のことであった。)

＊ ただしスコット教授の考証によると、スミスが手がけたのは『国富論』とは別の財政経済に関する原稿であった。

エディンバラのスミスの旧宅(スミスは1778年から1790年までここに住んだ)

ロンドンでさらに三年の苦闘の後、一七七六年三月九日、ついに『国富論』は世に出た。正確には、『諸国民の富の性質と諸原因についての一研究』となっている。かなり高価であったにもかかわらず、初版約一千部は半年で売りきれてしまった。スミスがこの書物ではじめて近代社会の全体像をつかんでみせてくれたことと、近代化のための闘士としての熱情を勇敢に披瀝したことが、古いものから新しいものへの渦の中で光を求めていた当時の人びとの気もちに訴えるところがあったためであろう。このときすでに産業革命は始まっていたし、この年アメリカ合衆国は独立宣言を発した。これをうけて立つかのように、国内では政治的自由を求める声が高まったのである。驚くべきことには、その年から翌年にかけてたちまちドイツ訳二巻が出版され、続いて数年のうちに、フランス訳、デンマーク訳、イタリア訳などが出た。イギリスではスミスの生存中五回まで版を重ね、随時増補が行なわれていった。

スミスはいまや一代の権威となった。新しい社会や思想の問題に関心をもつほどの人にとって、スミスは尊敬の的となった。政治家もまた彼の意見を求めにやってきた。ある政

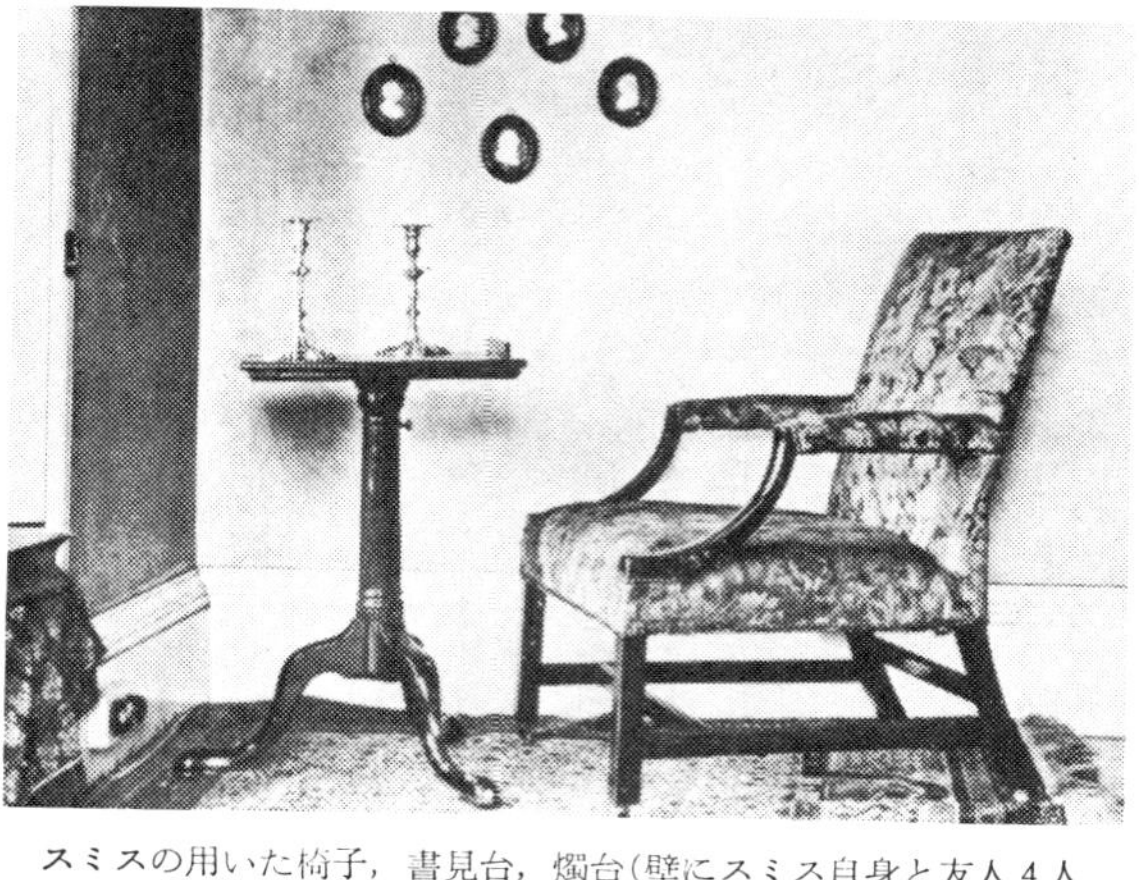

スミスの用いた椅子，書見台，燭台(壁にスミス自身と友人4人のレリーフがかかっている．エディンバラのバナーマン夫人蔵)

スミスの墓（エディンバラのキャノン・ゲイト教会）

治家たちの集まりに、スミスがいちばん遅れて到着したとき一同は起立してスミスを迎え彼の着席を待った。スミスがみなさんどうぞご着席をというと、青年首相ピットは、いいえわれわれはすべてあなたの生徒なのですと答えたという。これは有名な話である。

一七八四年、スミスの成功と栄誉の絶頂においてスミスの母が亡くなった。九十歳の高齢であった。スミスの栄誉は、彼が母校グラスゴウ大学総長に選挙されたことによって、さらに加わったが、スミスはもはや一人では生きえなかったものとみえる。一七九〇年七月十七日、近代的自由の闘士アダム・スミスはついに世を去った。死去の数日前、スミスの切なる願いによって厖大な分量の未定稿が焼却された。このために私たちは、『国富論』につぐ第三の大著、それは法学の歴史に関するものと想像されているが、第三の大著を永久に失うことになった。たといそれは失われたとしても、スミスの視野がいかに広く大きかったかということはこれでわかると思う。彼の終生の目的は、人間と社会の進歩の歴史を書くことにあったと思われる。* なぜか。それはまたどういう意味なのか。次章以下でこの問題にお答えすることにしたい。

* スミスの遺稿集『哲学論集』(一七九五年)の編者(ブラックおよびハットン)によると、スミスははじめ学問と芸術の関連についての歴史を書くつもりであったらしい。この論集はその計画の一部にすぎないけれども、天文学、自然学、科学、論理学、絵画・彫刻・音楽・舞踏などの芸術におよぶ広い範囲の文化領域にわたって、きわめて詳細綿密な歴史的考察を行なっている。この計画はあまりに大きすぎるので放棄されてしまった。しかし若いころの作であろうと思われるスミスのこの論集の精神は、終生変らなかったのである。この哲学論集は、エディンバラ評論へのスミスの寄稿その他の評論と併せて、『アダム・スミス初期著作集』(The Early Writings of Adam Smith, ed. by J. Ralph Lindgren, 1967.)として出版された。

三　市民社会のエトスとロゴス

1　社会科学におけるエトスとロゴス

いきなり市民社会のエトスとロゴスなどといいだすと、読者の中にはめんくらう諸君があるかとも思う。第一私たち日本人は、市民社会という言葉にはいまだによくなれていないし、それにエトスとロゴスというようなギリシャ語にはなじみの少ない方が多いであろう。市民社会というものについては、これから本格的に検討することになるのでしばらく後廻しとする。エトスとロゴスという言葉についてだけちょっと最初に述べておくことにしたい。

エトスとは人間が生きていくときの心のもち方、生活の態度というほどの意味で、ロゴスというのはものごとの道理、筋道というほどの意である。私たちがふつうに倫理というのはエトスに当り、論理というのはロゴスに当るとみてよいであろう。ただエトスとかロゴスとか、そういった言葉をわざわざここで使うのは、これらの言葉がただたんに倫理とか論理とか、そういう現代的に限られた意味だけでなく、もっと広い、もとの意味をいい表わすことができるからである。* (ついでながら、感情、情念を表わす言葉としてパトスという言葉が、エトスとロゴスにたいして使われている。)

＊ エトス、ロゴス、パトスというギリシャ語にはさまざまのニュアンスがある。しかしここでは簡単に本文のように訳しておく。

戦後、とくに最近のわが国では、「ウェーバーとマルクス」というテーマがさかんにとり上げられている。* マルクスは資本主義社会のロゴス(構造法則)を明らかにしたけれども、資本主義社会に住む人間のエトス(心のあり方)をとり上げなかった。これに反してウェーバーのほうはすぐれてエトス的である。すなわちウェーバーは、人間の心の問題や行為の問題に私たちの注意を向けてくれる。こうしてマルクスの見落した問題、あるいはマルクスの方法ではつかみえなかった人間の問題が、ウェーバーによってとり上げられ解明されているとみるのである。このような意味で「ウェーバーとマルクス」問題が頭を出してきたのである。現代社会科学におけるエトスとロゴスの問題ということになろう。私がことさらここでこういうむずかしい哲学用語を使うのは、最近の日本の学界の一つの傾向を念頭においたためである。

＊ 大塚久雄『社会科学の方法』(岩波新書)は「ウェーバーとマルクス」という副題をもっている。わが学界の最近の問題関心の一つを代表するものである。

このようなもっとも現代的な問題を頭において、わがアダム・スミスの体系をみるとすればどういうことになるであろうか。私がこれからいいたいことを先廻りして要約しておくと、つぎのようなことになる。スミスはこのいわゆるエトスとロゴスの問題をきりはなして論ずるようなことをしなかった。これまでの説明で一見すると、スミスは第一の著作『道徳感情論』でエトスの問題を扱い、続いて第二の著作『国富論』でロゴスの問題を扱ったように思われるかもしれない。ところが実はそうではなかった。第一の著作でスミスがやろうとしたことは、近代的人間が社会の中で生活し行動するときに、そこにはどんな生活の態度と行為の法則があるのかということを明らかにするということである。だからこれは私たちが考えているような倫理学の書物ではなくて、もっと広い社会的人間の行為の原理原則を研究するものである。つまり、スミスの『道徳感情論』は、名前こそ道徳とか感情とかを論ずるようになっているけれども、実際はそうではない。実際は「社会哲学原理」を明らかにしたものである。社会に生活する人間のエトスとロゴスは、ここでは分離されてはいない一つのものなのである。

第二の著作『国富論』においても、スミスがとった方法や態度はこれと同じである。この書物の中で、スミスは主として経済の世界を中心にして論じてはいるが、けっして経済だけにスミスの目が限られているわけではない。経済と政治、経済と法、経済と教育、経済と歴史、経済と文明というように、経済を中心として社会の全体、とくに近代社会の全体像がねばり強く多方面にわたって描かれている。考察の中心は経済におかれているけれども、その経済という世界は、前の『道徳感情論』の中で道徳や政治や法などの世界との関連において原理的に論じられているのであるから、『国富論』というものは『道徳感情論』の一部であり、その分身なのである。そのほかにも、たとえば法に関する研究がもう一つの分身として生まれかかっていたのだけれども、残念なことには、スミスの死の直前に、彼の切なる願いによって私たちの手から永久に失われてしまったことは前に述べた。だから、第二の著作である『国富論』においても、スミスはエトスとロゴスをけっしてバラバラのものとしては扱わなかったことが、これだけの説明でも推察できると思う。私のみるところでは、ここに社会科学者としてのアダム・スミスの魅力があるのである。「ウェーバーとマルクス」か、それとも「ウェーバーかマルクスか」、こういう問題に興味をもつ人はまず、スミスの体系にさかのぼって勉強すべきではないかと私は考えるのである。*

* ウェーバーもマルクスも、スミスと同様に、エトスとロゴスの問題をけっして分離して扱わなかった。これが私の見方である。

2　市民社会とは何か、第一の肝どころ

そこで市民社会とは何かということについて少し考えてみよう。エトスとかロゴスとか、そういったいかにも哲学めいた言葉とはちがうけれども、市民社会という言葉が私たちに与えるひびきは、必ずしも身近かなものではない。一般の日本人にはまだほとんど耳なれない言葉であろうし、学生やホワイトカラーに属する人たち、つまり一般の知識人にとっても、どこかよそよそしい感じのする言葉である。これは、日本には市民社会といわれるような近代的な人間関係がまだ十分に成熟していないせいであろうか。それとも近代的な市民のエトスというものがまだ十分日本人の身についていないせいであろうか。むろんその両方であると答えなければなるまい。これが近代化の道を歩みはじめてから一世紀もたった日本の姿なのである。私たちがアダム・スミスの市民社会観について学ばなければならない理由がここにあると思う。

もう一度言葉の説明からはじめることをゆるしていただきたい。市民社会というのは civil society の訳語である。そこで civil というのは何かということになるが、これを市民的と訳してみても、正直のところなかなか日本人の実感には入りにくいであろう。日本人には、とたんにどこかの都市の住民(大阪市民、名古屋市民など)のことが連想されそうである。いうまでもなく、ここで市民的というのはとくに都市の住民に限らない。農村であろうと漁村であろうと、日本社会を構成する一人の人間として、日本国民の一人として、独立の責任をもった人間のことをさすのであって、めいめいがそのような社会なり国民なりの一員であるということを自覚するのが、とりも直さず市民的になるということである。これは英語でもフランス語でもドイツ語でも同じであって、この三国が近代市民社会のモデル国として明治以来日本人の目に映ってきた事情が、このあたりからも理解できるであろう。

イギリス、フランス、ドイツの三国のうちでも、イギリスとフランスが、とくにイギリスが市民社会をつくり上げるのに先鞭をつけたので、どこよりもまずイギリスが市民社会の母国と考えられるようになった。十七世紀から十八世紀にかけてのイギリスでは、思想家や社会科学者の間にさかんにこのシヴィルという言葉が使われるようになった。たとえば、ホッブズは、人間の自然状態にたいして人間の合意と規制の行なわれている社会のことを市民状態と呼び、さらにロックは、人間の自然状態にたいして人びとの同意によって成立し運用されている政府のことを市民政府と呼んだ。スミスと同じ名前で同じ年に生まれ、エディンバラ大学教授であったアダム・ファーガスンという学者は、正面きって市民社会という言葉を使い、『市民社会の歴史についての一論』(一七六七年)という書物を書いている。これらの思想家や学者たちはみな、人間の市民的な状態すなわち市民社会というものが、その前の時代の社会に比べると、合理的で、民主的で、文明化した社会だと考えている。なぜなら、こういう社会状態においては、人間は人間としての自由と権利が認められ、したがって平等なとり扱いをうけることができるからである。一言でいえば、市民社会とは文明開化された社会なのである。スミスの思想もこの点では同じである。スミスもしばしば、社会の粗野な状態にたいして文明化された社会を対立させて説明しているのであるが、この文明化された civilized という言葉が civil からきていることを注意してほしい。*

* ラテン語の元の意味では、civil は都市のことであり、したがって civilize は都市化を意味した。

社会の粗野な状態とスミスがいうのは、以上からもほぼ推察されるように、前近代的な社会のことである。前近代的な社会といっても、太古の時代から近代にいたるまでのすべての時代の社会を指すのではなく、主として封建体制下の社会、そのうちでもとくに最後の時期に当る絶対主義の社会のことを指していることは明らかだ。スミスたちにとって、市民社会化とは、私たちが今日使っている言葉の意味での近代化ということにほかならなかったのである。これが市民社会というものをつかむ第一の肝どころである。

アンシァン・レジームに対決する姿勢――これが市民社会のエトスなのである。このエトスは人びとの生活の中から生まれ、すぐれた思想家によって感じとられ、はっきりした形が与えられる。十七世紀のイギリスにおけるピューリタン革命、十八世紀のフランスにおける百科全書派の思想運動、十八世紀から十九世紀にかけてのドイツにおける哲学や文学や音楽上の新しい機運の高まりなどは、それぞれの国の近代化の動きとずれとを示すものであって、今日の日本人にとってもこの時代のものは非常に興味が深い。宗教、哲学、文学、音楽など私たちがまるで自国の古典のように親しんでいるのもだいたいこの時代の産物が多いのである。市民社会のエトスをつかむためには、何よりもまず前近代的な迷妄や卑屈さから解放されるという姿勢が必要である。この姿勢をふつう啓蒙と呼んだり、啓蒙主義と呼んだりする。(わが国では福沢諭吉の『文明論の概略』がちょうどこれと同じ思想であった。)

3　市民社会とは何か、第二の肝どころ

もっとも、同じく啓蒙的な姿勢といっても、ホッブズやロックとスミスやファーガスンとの間にはかなり大きなちがいがある。ホッブズやロックにおいては、人間が市民的な状態に入る前には一つの自然状態に住んでいたと考えられている。この自然状態は、ホッブズによると、「万人の万人にたいする戦争の状態」であり、ロックによると、すべての人間が不安定ではあるが「自由で独立」にくらしている平和状態だということになっている。ホッブズとロックとの間には大きなちがいがあるけれども、しかし市民状態の前に自然状態を想定しているという点では同じである。この想定は合理的な説明の便宜のためであって、あくまでも一つの仮説にすぎない。歴史的な事実としてそのような自然状態がどこかにあったというのではないのであって、もっぱら市民社会とか市民政府とかの性格を説明するために想定されたものにすぎない

のである。そしてこれが啓蒙主義の考え方の一つの特徴なのである。

スミスやファーガスンの場合はこれとは非常にちがったところがある。市民社会を啓蒙主義の立場からみているといっても、スミスやファーガスンは自然状態の仮説を認めない。自然状態から市民状態に入るのに、人びとの契約行為があった(ホッブズ)とか、人びとの同意があった(ロック)とか、そういった想定を彼らは否定する。人類は市民社会へ到達するために長い歴史的な諸時代をへてきたものであって、この間の事情は歴史的に考察されなければならないというのである。だからスミスやファーガスンにとっては、市民社会というものは何より歴史的なものであり、人類の進歩の過程における一つの時期なのである。(後に第六章第5節でみるように、スミスやファーガスンはこういう意味でスコットランド歴史学派を形成した人だといわれる。)

市民社会の成立を人びとの契約や同意によって説明するのは、もちろん一つの合理的な説明である。それは非合理的な権力や思想の支配に抵抗する姿勢から生まれたものであって、十七、八世紀のイギリスにこのような学説がひろく行なわれ、フランスの思想家(たとえばルソー)などにも影響を与えた。これは時代の産物である。すでに老化して有害無益となってしまった古い国家体制を否定するにはおあつらえむきの思想であるにはちがいない。なぜかというと、現存の国家秩序はもはや不合理である、人びとの最初の契約(原契約)や最初の同意の趣旨に反したものになっているということから、支配者の権力にたいする抵抗権の主張が生まれ、さらに進んで革命権の主張が生まれてくるからである。スミスの思想はそのようにラディカルなものではなかった。スミスにとって、かつて原契約が結ばれたというような歴史的な事実はどこにも存在しないし、かりにそのような事実がむかし存在したとしても、それはいまの時代の人びとにとって拘束力をもつものではない。試みに、どうして君はいまのブリテン国家に忠誠を誓うのかとだれか労働者をつかまえてきいてみたまえ。それはみんなが権力に従っているから、そのほうが自分のためになるから、そのほうが神の思し召しにかなうからなどと答えはさまざまであろう。しかし原契約などという人は一人もあるまい。生まれたときにはだれもみなこのブリテンの国家の一員であった。もしだれかが船にのせて海の中までつれだされ、君がこの船にいるのは船長の支配に服することを承認したことになると告げられたとしたらどうであろう。原契約の説はあたかもこんな無理を主張するのに等しい。スミスはこのように批判するのである。スミスが政治的には保守的な傾向をもっていたことがここから理解されるであろう。

啓蒙主義の立場に立つ人びとは、歴史をこのんで二つの時期に分けたがる。あるいは歴史を二つの段階に分けたがる傾向をもっている。前市民的な状態と市民的な状態、粗野で野蛮な状態と文明化された状態といった調子である。そして前者は闇の時代、後者は光の時代ということになる。スミスにも一面このような考え方があることはあるのである。彼もまた一面において啓蒙時代の子であったことは否定できない。けれども、スミスはもっときめの細かいというか、もっと段階の数をふやして市民社会の成立を歴史的に説明しようとするのである。

彼によると、人びとを導いて市民社会に入らせるようにする二つの原理がある。それは権威の原理と功利の原理である。権威の原理というのは、肉体的精神的にすぐれているとか、年齢が多いとか、たくさんの富をもっているとか、そういった理由である特定の人間がその社会で支配力をふるうようになることである。社会のもっとも幼稚な段階である狩猟(漁撈を含む)時代にはこんなことは問題にならないが、つぎの牧畜の段階になると直ちにこのことが問題になる。なぜなら、そこでは財産というものが発生するからである。国家というものは財産を守るために生まれたものだとスミスはいう。しかし社会がだんだん進歩発達するにつれて、功利の原理がしだいに行なわれるようになってくる。功利の原理というのは、めいめいが自由で平等な人間として自分の生活をよくしようとする立場から発言する姿勢のことである。政治的には民主主義、経済的には自由主義の社会がそこから生まれる。それで、市民社会というものは、権威の原理が支配する初期の段階から、功利の原理が支配する進歩した段階へといくつかの段階をへて、歴史的に発達してくるものだということがわかるであろう。* いうまでもなく、スミスが求めているものは、この最後の、もっとも進歩した段階での市民社会なのであるが、私はここに、一面合理的にものをみると同時に他面歴史的にみていこうとするスミスのエトス(思想態度)がよく出ているように思う。市民社会というものは、スミスのいうとおり、本質的に歴史的なものだということがわかるのである。それはギリシャ、ローマの古典的な市民社会から、十七、八世紀ヨーロッパの近代的な市民社会にいたるまでの歴史をもっているのである。

* 以上の説明については、スミス『グラスゴウ大学講義』第一部をみられよ。この「講義」はノートであるだけに、かえって、スミスの市民社会像の肝どころをおさえるのに便利である。肝どころは読者にとっての勘どころなのである。

4 市民社会とは何か、第三の肝どころ

ところで、権威の原理から功利の原理へと市民社会の状態を向上進歩させるもとの力となるものは何か。それには学問や文化の進歩ということもむろんあろう。しかしながら、スミスによると最大の力はそういうものではない。市民社会の向上進歩のもっとも有力な動因としては政治と経済の二つがあげられる。これがスミスの基本的な考え方であって、市民社会というのは何よりも政治と経済を軸として進歩発展する社会だということになる。

そこで、政治と経済の関係をスミスがどのようにみていたかということを調べてみよう。政治の問題は、今日の言葉でいえば、国づくりの問題である。それは国家権力の問題、権力を行

使する手段としての法の問題と結びついている。これにたいして、経済の問題は富の問題である。人びとの日常生活、たとえば衣食住などの物質的生活と密接に結びついている。政治がうまく行なわれていくためには、経済の繁栄がなければならず、逆に経済が繁栄するためには、一国の政治が健全でなければならない。政治と経済というものはもともと不可分のものであり、夫婦のように一体となるべきものなのである。これをほかの言葉でいうと、国家あるいは政府と社会あるいは人民とはもともと一つでなければならないはずである。ホッブズからスミスにいたるまでの思想家たちが市民社会についていろいろ論議しているあげくに到達したのは、だいたいこのようなものであった。*

* もっともホッブズはまだ片足を旧秩序の中へ入れていた。ホッブズの国家はロックやスミスの国家とはちがって、絶対的な権力国家であった。

これらの思想家たちの市民社会像においては、いわゆる国家と社会の対立というようなものはない。少なくともあってはならないのである。たとえば、国家は一般人民の社会よりは一段上であるとか、一般人民は国家権力には絶対無条件に服従しなければならないとか、そういった考えに抵抗するために、これらの思想家たちが立ち上ったのである。国家とか政府とかいわれるものは、一般の人民のためにあるのであって、その逆ではない。これが彼らの市民社会観の中心にデンとすえられた考えである。ロックは政府を市民政府と呼んだ。スミスにとっても同じであった。市民社会の政府は市民のための政府、市民によってつくられる政府でなければならないのである。といってもスミスは、市民社会の政府がはじめからこのように理想的なものであったというのではない。君主政治から貴族政治へ、貴族政治から民主政治へというように、政治のあり方が歴史的に進歩し、しだいに市民政府の理想に接近する。もしこのような理想への接近を妨げる事情が発生したとすれば、それはスミスにとって不合理であり不自然である。排除され打倒されなければならないことはもちろんである。政治的にはラディカリストではなかったにせよ、スミスの胸中深く、国家や政府の専断や不正にたいする抵抗の情熱が燃えていたことは、すでにジャコバイトの反乱にたいするスミスの態度においてうかがい知ることができた。スミスが、近代的な市民政府の構成原理として功利の原理をあげたのも、やはり同じ思想から出ていることがわかるのである。(ただしイングランドにおいては、王と貴族と人民が、すなわち君主政治と貴族政治と民主政治が幸福な混和状態をなしていて、ヨーロッパのうちでもっともすぐれた政治形態だとスミスは述べている。ここに彼の穏健な政治的立場がうかがえるのである。)

ところが、ここから一つのびっくりするような展開が始まる。それはどういうことなのか。スミスによると、政治がまずあって経済があるのではなく、その反対に、経済がまずあって政治があるというのである。スミスによると、狩猟や漁撈の時代には国家や政府というものはいらなかった。なぜか。まだとるにたるほどの財産というものが存在しなかったからである。牧畜の時代になると事情が一変する。財産というものが発生し、所有の安全ということが人びとにとって何よりたいせつな問題となる。そこで国家が成立する。つまり国家というものは財産の安全を確保するために人びとが設けたものであって、その目的のために法が制定される。財産ができれば、その所有をめぐっていろいろの不正や不法が起るにちがいない。そこで法の目的は侵害を防止することにあるとスミスはいう。国家の目的は財産の所有者をその侵害から守ることにある、とこのようにまでスミスはいいきっている。こういう思いきったスミスの言葉は、後年の『国富論』の中に現われるだけではない。『講義』の中にまず率直簡明に述べられているし、初期の作『哲学論集』の中でも、学問芸術が発達するためにはまずその前提として経済が発達しなければならないと述べられているのである。なんという大胆な、まるでマルクスやエンゲルスを思わせるような言葉であろう。ホッブズやロックにはこういう発言はなかった。スミスになってはじめてこういう見方が現われたことを注意したいと思う。

スミスがこのように当時としては思いきった発言をすることができたのは、一つには十七世紀から十八世紀にかけての大きな時代の変化があったことによるが、二つには、スミスが新興都市グラスゴウで経済の政治における実力をいきいきと体験したためであった。スミスにとって富は力(パウアー)である。富は力であるだけではない。富はさらにそれによって多くの人を働かせ、産業を興し、商業を発達させ、こうして社会そのものを活気にみちて民主的なものとする。富づくりは国づくりとなるのである。さらにそれだけではない。産業や商業が発達すると、それを基盤にして学問や芸術が発達する。つまり文明が進歩する。だから富づくりは文明進歩の母だということになる。

こうして政治と経済の関係は逆転する。近代市民社会においては、政治が主導的でなくて経済が主導的である。この意味で市民社会というものは、すぐれて経済的な社会だということになる。これがスミスの市民社会観のもっともたいせつな肝どころであって、私たちも、だからこの点をさらに一層理解するようにつとめなければならないのである。

もともと英語でシヴィルという言葉は非常にニュアンスの多い言葉で、なかなか日本語としてうまく訳せない言葉だと最初に述べておいた。その点をもう一度思い起していただきたい。シヴィルというのは、まず僧服をまとっていない世間ふつうの人間を意味し、また法服を身につけていない、制服や軍服をぬいだ民間の人間を意味する。日本語で「市井の人」といわれるのが、このシヴィルという言葉の感じに当るであろうか。といっても、はだかのままの人間、でなくともゆかたがけの人間というようなのはシヴィルではない。これは私的な、つまりプライベイトな人間である。シヴィルというのは、どこまでも公的なもので、社会的なものである。いってみればセビロを着た人間なのである。私たちはセビロを着ておりさえすれば、社会生活のどの場所へも自由に出入りできるわけである。ごくわかりやすくいえば、市民社会とはセビロ社会である。それは、貴族や僧侶や裁判官や軍人など世間一般とはちがったかたくるしい職業人の社会ではなくて、産業や商業の仕事に精を出している一般経済人の社会なのである。市民社会は政治と経済の社会であるといってまちがいはないけれども、そのうちでもとくに経済の発言力が大きい社会なのである。スミスがいいあてたのはまさにこの点なのであった。

5　唯物論的人間観

それではスミスは唯物論者だったのであろうか。マルクスやエンゲルスと同様に唯物論的な歴史の見方をもっていたのであろうか。私は読者の中から、こんな疑問や不安の気もちが起るのではないかと想像するのである。いったい唯物論とは何かということがまだはっきりしていないので、このような疑問に簡単にお答えするのは容易でない。

たしかにスミスは唯物論的であった。しかしマルクスやエンゲルスと同じ意味で唯物論者であるのではなかった。市民社会というものの見方つかみ方において、スミスはマルクスやエンゲルスに先廻りして、まるでマルクスやエンゲルスのいいたかったことを予想するかのようにずばりといってのけている。この点が私たちにも非常に興味があり、スミスを近代社会科学の最初の創設者とみなければならないことになるのだが、しかしスミスは唯物論者でもなければ、マルクス以前のマルクス主義者でもない。唯物論というものの意味を正しく理解するために、少し議論がむずかしくなる覚悟で、この問題を立ち入って考えてみることにしよう。

まず人間とはそもそもなんであるか。人間は一方からみれば理性の持主であり、精神の所有者である。この見方によれば、理性や精神の自覚の弱い人間は真の人間ではないということになる。（理性や精神を極限にまで高めると神の観念が現われる。）他方からみると、人間は情念や欲望の束のようにもみえる。この見方によると、情念や欲望を不当におさえつけるのは人間的ではない、反対にこれをあるがままに肯定していくほうが人間的だということになる。人間はまた感情の動物だともいわれるのであるが、感情が豊かであるということは、その人間が生きている証拠であるともみられる。この見方によれば、人間の研究は人間の感情の研究でなければならないということになろう。

人間とは何かという問題にたいしては、そのほかいくらでも数限りないほどの解答が与えられうるであろう。それほど人間というものは人間にとって不可思議な存在なのである。しかしどんなに不可思議な存在であっても、私たちにとって明らかなことが一つある。それは歴史と社会の移り変りによって、人間の人間観もまた様ざまに変化するということである。それぞれの時代と社会はそれぞれの人間観をもっているのである。

近代市民社会の思想家たちの人間観はどんなものであったかというと、いま述べた理性的精神的な人間観ではなくて、人間を情念や欲望の束とみたり、また人間を感情の動物のようにみたりする人間観であった。こういう人間観は、いかにも唯物論的な人間観だといわれそうな人間観である。そしてこの「唯物論的」という言葉の中に非難や軽蔑の気もちをこめて使う人が現在でも必ずしも少なくないのではないかと思われる。しかしこれはまちがっている。その理由として私は二つの点をあげておきたい。

まず第一に、市民社会の思想家たちが人間を「唯物論的」にみたということは、とりも直さずこれまで人間の上におしつけられてきた不当な抑圧から人間を解放しようとすることを意味した。「自然に帰れ」(ルソー)という呼び声がここから生まれる。だから唯物論的人間観は、十七、八世紀のイギリスやフランスでは立派な人間解放の思想であったといえるのである。

第二に、人間を欲望の束とみたり感情の動物とみたりするのは、実は人間を一つの自然としてみることであって、それは自然科学者が本来の自然を観察するときにとる態度なのである。だから唯物論的な人間観というものは、科学的な人間観の最初の形なのである。自然科学者そのものは研究心と観察力と分析力をもった理性的精神的な人間であることにまちがいはない。それと同様に、唯物論的人間観をもっている人も立派な理性的精神的人間であることに変りはない。フランスの百科全書派の人たちはみなそうであった。彼らはみなアンシァン・レジームから人間を救い出そうとする思想の持主、つまりヒューマニストであった。

以上簡単な説明からでもわかるように、唯物論的な人間観というものは、人間を科学的にみようとするエトス(思想態度)の現われであって、近代の社会科学というものはこのようなエトスから生まれてきたのであった。ホッブズからロックをへてスミスにいたるイギリスの啓蒙思想家の間では、人間性の研究というものが活潑に行なわれた。* 人間性 human nature というのは、言葉どおりに読むと、人間的自然である。すなわち本来の自然にたいして人間という形をとった自然である。わがアダム・スミスは、こういう意味での人間性のすぐれた研究者であった。それは人間をありのままに、血のかよった、生きた人間として再建しようとするパトスから生まれたものであった。人は生まれながらにして「自分自身の境遇を改善せんとする欲望」をもっているとスミスはいう。それは人間が「母の胎内から墓場にまで」もち続けるものだ(「ゆりかごから墓場まで」ではない)ともいっている。スミスが「利己心」のことをいったのもまったくこれと同じ見方をしているわけであって、経済の世界というものが、どんなに近代市民社会において重要な位置を占めているかということを指摘したかったのである。いかにもスミスは唯物論的であった。しかしけっして唯物論者ではなかった。これは『国富論』の意義を正しく理解するために、ぜひとも前もって知っておいていただきたいポイントなのである。

* この時代には未開民族にたいする人びとの興味が急にもり上ってきて、旅行記がぞくぞくと現われた。たとえば

デフォーの『ロビンソン・クルーソー漂流記』やスウィフトの『ガリバー旅行記』など。いずれも文明批評の書である。

6 同感の論理

スミスが興味をもったのは、人間の欲望や利己心の問題だけではない。それよりも前に、人間の感情の問題にスミスは大きな関心をよせていた。これはグラスゴウ時代の師ハチスンの影響である。ハチスンやスミスは、人間の行為というものを感情の現象面からとらえようとする立場をとっている。人間の感情というものは、いまいったとおり、ある意味では人間のもっとも人間らしい一面である。私たちは空にちりばめられた星くずをみて驚異の感情を起し、地震や津浪によって恐怖の感情を起す。それは科学のもとであり、哲学のもとである。また絵画や彫刻、音楽や詩歌なども自然にたいする人間の感情から生まれる。しかしそれだけではない。人間の感情は自然について生まれるばかりでなく、人間についても生まれる。人は、不慮の災害で家族をなくしたとき悲嘆の底に沈み、努力の目標がみごとに到達されたときよろこびの絶頂に我を忘れる。このような光景をまのあたり眺めるということは、本人でない傍観者にとっても十分なっとくできることであり、同感できることである。人間は、よろこびや悲しみのほ

THE

THEORY

OF

MORAL SENTIMENTS.

By ADAM SMITH,
Professor of Moral Philosophy in the
University of Glasgow.

LONDON:
Printed for A. Millar, in the Strand;
And A. Kincaid and J. Bell, in Edinburgh.
MDCCLIX.

『道徳感情論』(1759年刊　初版本のタイトル・ページ)

かに、また驚きや憤りのほかに、嫉妬、愛着、憐憫、敵愾心、名誉心など数限りもないほどの感情の持主である。人生は喜劇でもあれば悲劇でもある。そしてシェークスピアやモリエールがここから生まれてくるのである。

　このようにみてくると、感情の世界というものは人間の行為の世界である。感情には激しく爆発的なものもあれば、静かでかすかなものもあるであろう。しかし感情において人はもっとも行動的実践的となることができるといえるであろう。(たとえばデモや革命などを考えてみたまえ。)しかしながら、感情というものは個人的主観的なものではないのか。また感情というものは非合理的なものではないのか。そんな疑問がすぐ起きてくるにちがいない。スミスの『道徳感情論』はこういう疑問に答えたものだとみてもよいのである。

　この疑問に答えるものとしてスミスがいいだしたのが、同感 sympathy ということである。

スミスが同感というのは、その言葉のとおりにパトスをともにするということである。ふつうこれを私たちは同情と訳しているけれども、スミスはそれを原語の意味のままにもっと広義に使っているのである。同情というと、私たちは人の不幸に同情したり、人の悲しみに同情したり、マイナスの意味で使っているが、スミスがいうのはただそれだけではない。私たちは人のよろこびに同情？したり、人の成功に同情？したりすることもできるはずだ。だからこれは同感と訳すべきものなのである。

だれかが往来で人目もはばからずに大声をあげて泣きくずれているとする。愛児がトラックにひき殺されたのだということがわかってみれば、だれだってその人の行為に同感しないものはあるまい。ということは、その人の悲しみや動作は衆人のなっとくし承認できるものであって、もはや非合理的なものでもなければ、その人だけの私的なものでもない。いいかえると、それは社会性と合理性を獲得することになる。これが同感の論理なのである。人はみなそのような悲しみをさながら自分のことのように感ずることができる。これが人間性なのである。この人間性にもとづいて、世間が、社会が、その人の個人的な感情の発露に一般性と社会性を与えてくれる。これが同感の論理なのである。スミスはこの筋道を、人が「ついていってくれる」というふうに表現している。だからもしみながついてきてくれなくなれば、もはやおしまいである。過度のしぐさは同感の対象にはならないことがこれでわかるのである。

ここで世間とか社会とか、あるいはみんながついてくるとか、こんないい方をしたけれども、この世間なり、社会なり、みんなといわれるものは、実は私たちめいめいの心の中にもあるべきものなのであって、それをスミスは、公平なる傍観者の立場とか、胸中の人とかいった。*わかりやすくいえば、それは私たちの良心なのである。そしてこの良心は社会の良心と結びついたものなのである。ふつうにコモンセンスといわれるものがこれである。

* ドイツの哲学者カントはこれを無上命法と名づけた。「汝の意志の格率が同時に普遍的立法の原理たるがごとくに行為せよ」というカントの言葉は、表現はむずかしいが、実質上スミスと同じことをいっているのである。

だいぶ説明がむずかしくなったようだが、スミスがどうして道徳の問題を感情の問題として論じたかということが、だいたい理解していただけたかと思う。市民社会の人間というものは、こんなふうにして、めいめい思い思いにその人間的な性質に従って行動するのだけれども、どんなことでも勝手たるべしということではない。その社会には社会に共通なルールというものがあり、コモンセンスがある。無法者の社会は市民社会ではない。そこにはみなが共有しなければならないエトスというものがあり、さらにそれをふまえて市民社会全体としてのロゴスがあるのである。スミスの『道徳感情論』は人間のパトスをもととして市民社会のエトスとロゴスを結びつけたことになる。新時代の人間観社会観の書としてこの書物がスミスの名声をたちまち全ヨーロッパになりひびかせたのは、このような内容をもっていたからである。

そこで最後にもう一言だけいっておきたい。この書物は、政治や経済の世界における人間の行為についてだけ論じたものではない。もっと広く人間の行為のあらゆる方面にわたって論じたもので、政治や経済の世界はただその一部分にすぎないのである。スミスの『道徳感情論』は、広く人間の社会的行為の原理について考えたものであって、この意味ですでに述べたとおり、スミスはここで社会哲学原理を究明したことになる。けれども、スミスがだんだん市民社会の現実を観察するにつれて、彼の興味はしだいに政治や法や経済の問題へと注がれていった。国内ではウイッグやトーリー*の政治的な格闘が続けられ、産業革命の幕がまさにきって落され、アメリカ植民地との間のトラブルが注目をひくようになった十八世紀半ば以後のイギリスの社会状態からいって、政治と経済の世界がスミスのような考え方をもっている社会哲学者の興味を独占するようになったのは、きわめて自然のなりゆきだったのである。それはスミス自身の思想の発展であり、スミス自身の論理の発展だったのである。こうしてわがアダム・スミスは近代社会科学の最初の創設者となった。そこで『国富論』が私たちの前に現われることになる。**

＊　ウイッグは進歩的でトーリーは保守的だというわけではない。この時代の両党の区別はそのようにはっきりしたものではない。たとえば、いわゆる無神論者ヒュームはトーリーに、政治的反動の大物だとされているバークはウイッグに属していた。

** スミスの同感の論理について私がここで述べたことは、ほとんどまったく私の亡き友、太田可夫教授の研究に負うものである。太田教授の研究は、いまではわがアダム・スミスの研究者にとって共有財産となっていることを特記したい。

四 『国富論』といかにとりくむか

1 モラル・サイエンスとソシアル・サイエンス

アダム・スミスといえば『国富論』を思い出し、自由放任主義のことを連想する。それほど『国富論』と自由放任主義とはアダム・スミスの代名詞のようになってしまった。これはわが国だけではなく、世界一般の通り言葉であるとみてもよさそうである。スミスが『国富論』によって代表されるのは、ちょうどマルクスが『資本論』によって代表されるようなもので、まちがった見方であるというわけではない。この書物以外にもそれに劣らず重要な書物があることを見落さなければそれでよいのである。読者諸君は、いまや、どうして『国富論』がスミス思想の花形として私たちの前に登場してきたか、そのいきさつを一応なっとくされたことであろうと思う。

しかしながら、いわゆる自由放任主義というような点については、問題の解明はまだこれか

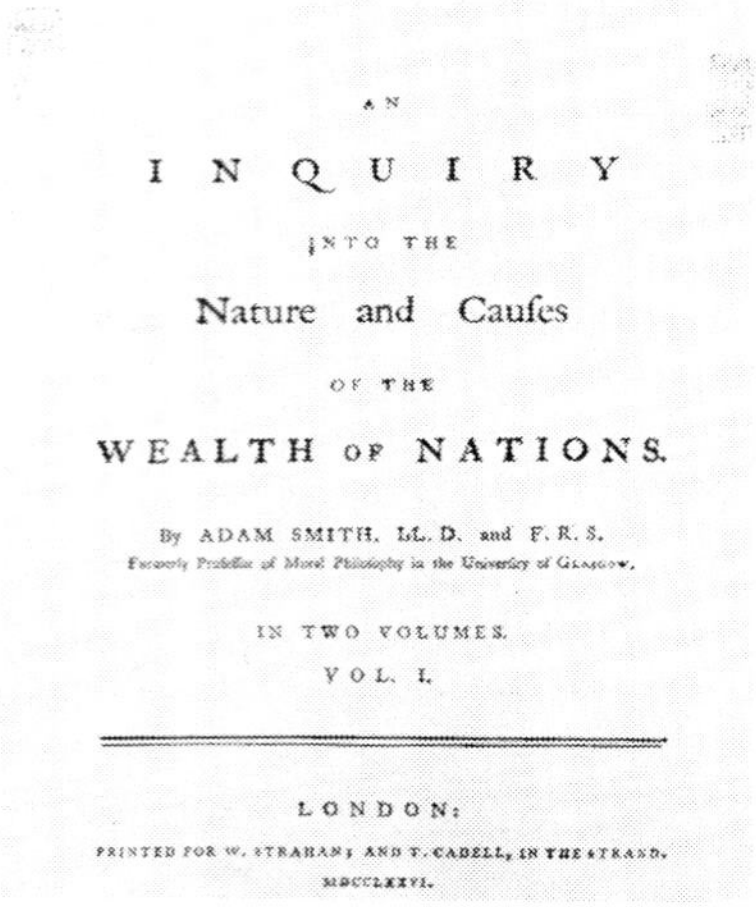

『国富論』(1776年刊　初版本のタイトル・ページ)

らである。私たちはこれまでに、市民社会が政治と経済を軸として動いていること、とりわけ経済がその原動力であることを知った。経済の世界は、「自分自身の境遇を改善せんとする欲望」によって導かれている世界であることも知った。いいかえれば、利己心というものが経済という世界の原動力だということを知ったわけである。ところがスミスによると、この利己心というものは、めいめいがなんでも勝手ほうだいなことをしてよろしいというのではなく、そこに一つの社会性がなければならないということになっている。社会的な枠のない、無軌道な、勝手気ままな欲望の追求というものは、人間の行為でもなければモラルでもない。こういうことも以上の説明からほぼわかってきたと思う。だとすれば、人間の自由と自由放任とが同じでないこと、少なくともスミスともあろう人がそんなことを考えていたのではないことが、まだ十分にではなくとも一応理解されたと思うのである。

実は、モラルという言葉を道徳という日本語に翻訳するときに誤解が起りやすいのである。スミスは、利己心によって導かれている経済の世界も、正義のセンス（情感）、共同体のセンスによって導かれている他の世界での人間の行為も、すべてモラルの世界だという。ここでモラルといわれる言葉には二つの意味があることを注意したい。一つは人間がその内から発する行為、したがってたんに本能や衝動によって動くのではない人間として責任のとれる行為である。モラルのもう一つの意味は、社会的という意味である。*私たちが道徳という言葉をきくと、どうやら前の意味だけをとって後の意味を忘れがちになる。これは日本人の道徳観念に社会性が乏しいことと大きな関係があるといわなければなるまい。スミスがモラル・フィロソフィーの講義をしたときのモラルというのは、けっしてそのようなただたんに個人的内面的なものではなかったのは、彼としてはむしろ当然のことだったといわなければならない。ソシァル・サイエンス（社会科学）という言葉が現われたのは十九世紀になってからのことであった。それまではモラル・サイエンスという言葉が用いられていたのである。こうしたこともスミス理解にとって一つの手助けとなるのではなかろうか。

* たとえば現代の経済学でも、機械などが社会的経済的な原因で減価するときに、これを道徳的磨損、道徳的磨滅などといっている。

2　三つの世界の関連

モラルという言葉をこのように二面的に諒解してはじめて社会科学というものの本質をつかむことができる。社会科学というものは、なんといってもまず人間の学であるはずだ。人間のいないところに社会はないからだ。しかしどの教科書にも書いてあるとおり、人間はひとりで生きていくことはできない。人間は社会の中でのみ生きていくことができる。だれかある人が極度の孤独感におそわれたとしても、それは彼が社会との間の距離を深刻に感じているためであって、この孤独感そのものが社会的な性質をおびているのである。人はいかなる場合にも社会的動物であるといってまちがいはないであろう。ここに自然科学とちがう社会科学独特の問題があるのである。それは人間と社会との連関ということを片時も忘れてはならないということであって、スミスにしろ、マルクスにしろ、あるいはウェーバーにしろ、いずれも人間と社会の連関の問題をしっかりとつかんでいると思う。この三人が近代社会科学の歴史の上で巨峰として仰がれるのは、まったくこのような理由によるものだと私は考える。

スミスが人間と社会の連関をどのようにつかんだかということを、前の章に続いてもう少し深く考察してみることにしよう。この目的のために、私はスミスの体系から三つの世界をとり出してみることにする。三つの世界というのは、一、狭い意味でのモラルの世界と、二、政治や法の世界と、三、経済の世界とである。この三つとそのほか種々雑多な人間行為の世界を合せて広い意味でのモラルの世界ができ上っているのである。第一の狭い意味でのモラルの世界というのは、多数の人間が集まって一つの社会なり国家なり国民なりをつくり上げるときに要請されるものである。スミスはこれを仁愛の徳と呼んでいる。わかりやすくいえば、私たちが自分の所属する団体にたいする忠誠心のことである。大きくは祖国愛となって現われるものでもある。祖国愛などというと、私たち日本人はとかくいやな気もちになりがちであるけれども、それは社会の上に国家をおくという古い時代の亡霊がまだ国民の頭から消え去っていないためであって、祖国愛という言葉が悪いのではけっしてない。スミスにとって仁愛の徳というものは、正しい意味での祖国愛に該当するものである。ここで読者は、スミスにとって国家が社会の上にあるのでなく、社会が国家の上位にあったことを思い起していただきたい。社会であれ国家であれ、その中に住んでいる人間は、何よりも平和に相互の幸福を増進するように心がけるのでなければならないはずだ。相互の幸福とは common weal のことであり、そこから commonwealth すなわち共同体(または共和国)という言葉が生まれてくる。スミスが何よりもまず仁愛の徳を推奨する理由がよく理解されうるであろう。

仁愛の徳に続いてたいせつなのは正義の徳である。共同体(または共和国)が平和に繁栄していくためには、秩序の維持ということがいつも尊重されなければならない。それは社会正義の保持ということである。社会正義を保持するものとして法があり、法の番人として裁判官がある。法の解釈と適用は厳格でなければならない。この厳格ということ、きびしさということが正義の徳の基本である。もし社会に仁愛の徳が十分に行なわれていないとしても、その社会は不愉快な社会とはなろうが、しかしそのためにたちまち崩壊してしまうというものではない。これに反して、もし正義の徳が行なわれていないとすれば、その社会は一日も安穏にすぎることはあるまい。正義の徳はたとえていえば、家の大黒柱のようなものであり、仁愛の徳は室内装飾のようなものであると、このようにもスミスは説明している。市民社会の平和を維持するために、法の世界がいかに重要な役割を果しているか、スミスが経済の世界の前に法の世界を考えていたことに注意してほしい。

ついでながら説明をつけ加えておきたい。スミスの考えは大元において立法、司法、行政のいわゆる三権分立の思想に近い。これはいうまでもなくモンテスキューから学んだものである。そしてモンテスキュー自身は三権分立の思想をイギリスの政体から学んだといわれているのであるから、スミスがイギリスからフランスへ渡ったものをもう一度逆輸入したことになる。両国間の思想的な交流を示す一例として興味が深いのである。

立法と司法と行政は、モンテスキューの考えるほど実際のイギリスでは厳密には分かれていなかったし、スミス自身もそれほどに考えていたわけではない。むしろこれらの三つのものを結びつけ、統一するものとして政治を考えていたように思われる。政治的 political という言葉のもとの意味は、ポリスすなわち国家全体、社会全体をみていくこと、つまり国づくりということなのであって、この立場からみれば立法も司法も行政も政治のそれぞれのあり方にすぎないことになる。とりわけ法は国づくりにとってそのきびしさのゆえにもっとも重要な大黒柱の役目をなすものだ、というのがスミスの考えである。

経済の世界というものは、前の二つの世界に比べると、よほどその性格がちがうようにみえる。経済の世界というものは富づくりの世界である。人はこれによって自己の物質的な境遇を改善しようとするものである。それでは経済的行為というものは徳とはなんの関係もないものであろうか。スミスによれば断じてそうではない。経済の世界には慎慮の徳という徳性が存在する。むだ使いは徳ではない。役にも立たない不生産的なことに労力を濫費するのも徳ではない。経済の世界には合理的な計算と、あとさきの配慮と、慎重な見通しが求められる。デフォーの描いたロビンソン・クルーソーはまさにこのような人間の典型であった。これがスミスのいうところの慎慮の徳なのであって、こういう意味で、市民社会においては経済人はもっとも有徳な人間の一人とならなければならないのである。

経済人が有徳な人間でなければならないとは？　読者の中にはあるいはとんでもないといっ

た顔をする方があるかとも思う。しかし徳 virtue という言葉のもとの意味は力ということである。有徳な人とはもともと力強い人、四囲の状況を正確に判断してそこから的確な結論と有効な処置をひき出しうるような人間のことである。近代的な経済人はこのようなものでなければならないとすれば、スミスが経済の世界を広い意味でのモラルの世界へ入籍させたのは、まことに道理にかなったことであるといわなければならない。スミスのセンスはまさに近代的であったのである。

3　利己心のモラル

話がここまで進んでくれば、大方の読者は、スミスがどうして利己心などということをいい出してきたのか、その意図をほぼ理解されたことと思う。それはスミスの人間観、市民社会観と密接に結びついているもので、そこから流れ出してきたものなのである。私たちは自分の住んでいる国家なり国民なりにたいするセンス(感覚、あるいは勘)をもっている。正義にたいするセンスつまり正義感をもっている。それとまったく同じことで、利己心とスミスがいうのは、経済活動にたいするセンスのことなのである。スミスやその師ハチスンなどは、モラルの問題を人間の感情や情感の網の目を通してすくい上げようとするもので、その理由については前の章で述べておいた。こういうわけで彼らはモラル・センス学派だといわれている。それで利己心といってもけっして軽蔑すべきものではなく、反対に大いに推奨すべきものだということになるのである。もしだれかがある企業の責任者となったとして、いつも他人の利益ばかり考えていて、自分の利益、自己の企業の立場を考えなかったとすればどうであろうか。この人はけっして有能な経済人でもなければ、また立派な信頼すべき企業者だということにもならないであろう。

たしかに利己心という言葉は、たとえどんなに口をすっぱくして説明してみても、語感としてどうもなじみにくい言葉であることは、私も否定しようとは思わない。そこで後世の学者は、これをホモ・エコノミクス(経済人)という言葉でおきかえた。なるほどこの言葉のほうが純粋ではある。しかしすぐれて経済的な社会としての市民社会のにない手が、いわゆる利己心をもった、活動的で、生のままの市井の野人であるという感覚が、あとかたもなく拭い去られてしまっている。生きた感情をもっている人間のモラルが、ホモ・エコノミクスではまったく殺されてしまっているのである。

そこでだいじな問題が出てくる。利己心が経済の世界の動力だとすれば、人は経済の世界では自己の利益の追求のためには何をしてもよろしいかという問題が起るのである。もちろんそんなことはない。スミスにとって経済の世界は政治および法の世界の一部である。(スミスにとって経済はいつでもポリティカル・エコノミー　政治経済であった。）しかし経済というものは、個々の人間の自由な活動に任せておいてさしつかえのない世界、というかむしろ、便宜上個々の人間の自由な活動に任せておいたほうがより効果的な世界なのである。スミスはこのことを便宜の原則が支配する世界だといって説明している。便宜の原則が支配するというのは、便宜上そうしたほうが国家や社会の繁栄のために好都合だという意味であって、厳密なルールをおしつけたり、上から権威や権力で強制したりしないほうがかえってうまくいく、これが経済の世界の性格だというのである。だからこれを裏からいうと、利己心は正義の限界の中で発揮されなければならず、経済人の活動は全体として国家社会の繁栄に役立つようにあらねばならないことになる。経済の世界というものは、無法者の世界でもなければ、ただ手ばなしの自由放任の世界でもない。* スミスの書物のどこを探してみても、自然的自由、自由競争という言葉にはいたるところでお目にかかるけれども、自由放任という言葉はついに出てこないのである。これはスミスの社会哲学原理からいって当然のことなのである。

* こういうのはホッブズの「自然状態」でしかない。それは万人の万人にたいする戦いの状態であった。スミスはホッブズとちがって、これを市民社会以前の状態としてではなく、市民社会の中で考えようとするのである。そこがホッブズとスミスの大きなちがいどころである。

こうして私たちは、いまや『国富論』の世界にまちがいなく進駐することができるようになった。では『国富論』とはどんな性格の書物なのであろうか。

4 ナショナルとインタナショナル

まず『国富論』という書物は、その表題の示すとおり、「諸国民の富の性質と諸原因についての一研究」ということになっている。私がすでに第一章で述べておいたことだが、わが国では最近、この書物を原文のまま『諸国民の富』と訳する新しい傾向が出かかっている。* ところが、スミスがこの書物で論じていることは、諸国民の富ではなくてイギリス国民の富なのである。これは第一編、第二編などの最初の部分ではあまりよくわからないけれども、第四編、第五編などの終りの部分にまで進んでいくと非常にはっきりしてくる。ただ十八世紀のイギリス国民は、ヨーロッパのどの先進国(イタリア、ポルトガル、スペイン、オランダなど)よりもさきに近代化への軌道にのることに成功したので、イギリス国民のためにスミスが考えたことは、他のすべての諸国民にとっても大きな参考となり、モデルとなった。『国富論』で描かれた世界は、ヨーロッパだけではなく、およそ近代化を欲する世界の他のすべての国民にとっての未来像をみせてくれているように思われた。しかしながらこれは一面である。『国富論』にはもう一つの面があることを見落してはならないと思う。それは著者がイギリス人の目をもって世界を眺め、イギリス国民の立場からこの書物をものしたということである。これは従来行なわれてきたアダム・スミス観とはかなりちがった見方である。もう少し詳しく私の見方を説明しておく必要があるように思われる。

＊ すでに大正の末期に河上肇は『国富論』を『諸国民の富』と訳していたが、これは例外である。

これまでアダム・スミスという人は、自由主義者で国際主義の立場に立つ人であるとみられてきた。彼は生粋のインタナショナリストであるとみられてきた。私の見方はこのような通説とはいささかちがうのである。スミスがインタナショナリストであることに異議を申立てるのではないが、スミスは同時にナショナルなものの見方をする人であったと私はいいたい。スミスのこの第二の面がこれまで見落されがちであったので、あえてこの点を強調したいと思うのである。ほんとうのインタナショナリズムというものは、ナショナルなものを忘れたものではないし、他方、ほんとうのナショナリズムはインタナショナルなものを忘れたものであってはならない。これが第二次世界大戦後の現代の感覚なのである。そしてこの感覚からスミスを改めて見直してみると、ほかならぬスミスがとり組んだ時の問題こそは、まさにナショナル＝インタナショナルな性格をおびていたものであることが知られるであろう。

『国富論』の第四編をみていただきたい。全五編のうち、スミスのナショナルな一面がもっとも鮮明に浮かび出ているのが、この第四編である。スミスはこの編で力をつくし言葉をつくしてマーカンティリズムの理論や政策を排撃している。マーカンティリズムというのは、ごく大づかみないい方をするとすれば、政府の保護奨励によって一国の経済を他国にたいして、より有利な立場に導びこうとする努力の総体である。絶対主義の時代にヨーロッパの各国に出現した一連の思想と政策と理論の複雑な混合物だと思えばよいであろう。スミスはイギリス人であるから、イギリスのマーカンティリズム*をもっぱら俎上に上せる。そしてこれを完膚なきまでにたたきのめしたように思われる。スミスはここでは、国家による保護統制の排撃者として、経済的自由のための献身的な闘士として現われているようにみえる。しかしながら、自由主義者であるということとナショナルであるということは、必ずしもそのまま矛盾するものではない。スミスが自由のために千万言を費せば費すほど、彼は祖国イギリスのための自由を考えていたのであって、隣国のオランダやフランスのための自由を考えていたのではなかったことが判明してくる。これはなんという皮肉であろう。保護主義者であるマーカンティリストたちも、自由主義者であるアダム・スミスも、ともに祖国イギリスのために考えた。だがその手段や方法がちがうのである。それは古い時代を代表する人たちと新しい時代を代表する人たちとのちがいであるが、それだけに、マーカンティリストにたいするスミスの敵愾心は、いっそう激しく燃え上らざるをえなかった。時論家としてのスミスが第四編ほどはっきりと出ているところはどこにもない。こういう意味で、私は、『国富論』を読むならまずこのあたりから読んでみてはどうであろうかと、最近では思うようになった。

＊　スミスはこれをマーカンタイル・システムという言葉で呼んだ。そこから重商主義という邦訳が生まれたわけだが、スミスの呼び方は必ずしも当をえていない。ただ貿易を重んずるだけがこの派の人たちの趣旨ではない。私はマーカンティリズムという原語のままの呼び方をしておきたいのである。

たとえばスミスは第四編の第二章で、一見びっくりするような発言をしている。「国防は富裕よりも重要であるから、航海条例は、おそらくは、イギリスのいっさいの商業上の規則のうちでもっとも賢明な規則である」と。国防は富裕よりも重要であるという思想は、スミスをただ狭い意味での経済学者という目でみていたのではまるきりわからない思想である。しかし私がこれまで述べてきたような意味でスミスを政治経済学者としてみるならば、十分に理解される思想である。それからスミスが賞讃している航海条例というものは何かというと、それは早くいえば、オランダにたいするイギリスの防衛策として立案されたものであった。貿易上の先進国オランダにたいするイギリスの戦いはかなり長い歴史をもっている。航海条例は、その初めは十四世紀の末にまでさかのぼるけれども、十七世紀の中葉以後十八世紀にかけてしだいにその内容が強化されるようになった。一口にいえば、海外とイギリスとの間の商品の輸出入をイギリス人およびイギリスの船舶によって独占しようとするもので、当時としては後進国であるイギリスの自己防衛策だと考えればよい。スミスがこのような内容をもっている航海条例を、これまでのイギリスのいっさいの商業上の規則のうちでもっとも賢明なものだといって激賞したのは、彼がたんに経済上の利害得失だけをいっているのではなく、もっと大きな観点からいっていることがよく理解されるのである。(それは同時にイギリス海軍力の基礎を固めるものでもあった。) スミスの視野はナショナル＝インタナショナルであった。

5 消費者の利益とは何か

私がこのように論じたとき、多分非常に多くの疑問が読者諸君の間から出てくることを覚悟している。第一に、マーカンティリズムというものはいったいどういうものなのか。私が説明したように、マーカンティリズムというのは、政府の保護奨励によって一国の経済を他国にたいして、より有利な立場に導こうとする努力の総体というだけで十分であろうか。第二に、スミスのマーカンティリズム批判はこれでよいのであろうか。第三に、スミスが念頭においたナショナルなものとはいったいなんであるのかなど、その他疑問はいくらでも出てくるかとも思う。それほどにアダム・スミスとマーカンティリズムの問題は、スミスの経済思想家としての性格を知るために重要な諸問題を含んでいるのである。

まず第一の問題にたいして簡単に答えておく。マーカンティリズムというものは、ヨーロッパでは約三百年の長年月にわたって生成発展してきた施策や理論の総体であるから、何より歴史的にその変化の過程を研究するという態度が要請される。少なくとも三つの時期を区別することができるであろう。第一の時期は、海外植民地より直接に金銀そのものをもち帰ることが、一国の富を増進させるもっとも確実な方法だと考えられた時期である。しかしこの方法では海外植民地諸国の金銀はやがてまもなく枯渇するにきまっている。そこで第二の時期と方法が始まる。それは一国の貿易差額を有利にすることによってその国の金銀持高を増加させようとするのである。この方法は第一の方法に比しすぐれており、持続性もあるけれども、国富の実質を金銀におく重金主義的な思想からまだぬけ出していない。貿易差額というものは、そのように金銀の手持ち残高で測るよりは、むしろ財貨の手持ち残高で測るべきではないのかという考えが現われるようになるのは当然である。かりにこの後の考え方を実物バランス説、前の考え方を貨幣バランス説といっておこう。両説のちがいは、要するに一国の富の実質をどこにおいてみるかというちがいである。話がここまで進んでくると、しからば実物バランスを大きくするためにはどうすればよいかということにならざるをえない。その答えはきわめて簡単明瞭である。それは国内で産業を開発すること、すなわち一国の生産力を高めるということである。そしてこれがマーカンティリズムの第三期を画するものであって、産業化への道はすでに始まったとみなければならない。

スミスのマーカンティリズム批判は、ちょうどこの第三期の戸口に立って行なわれたものだとみることができよう。彼の批判の基礎には実物バランスの思想が横たわっている。一国の富を増進するための方策は、一にかかってその国の生産力を増加させることにある。これがスミスの根本思想であることが知られる。

そこで第二の疑問に答えることができる。スミスは実物バランスと生産力を重視することのために、金銀や貨幣が一国の経済の繁栄のために果す役割を不当に低くみるきらいがあった。「貨幣はつねに財貨を追っかける」、というのがスミスの根本信条であった。だからスミスの思想は産業近代化の線に沿うた新しいものであったにしても、彼のマーカンティリズム批判は必ずしも申し分なく妥当なものであったということはできない。スミスの批判の烈しさすさまじさがそうさせたものとみていい。ここにスミスの立場が自然ににじみ出ているように思われる。

スミスが目のかたきのように論難攻撃の対象としたのは、実は絶対主義の権力と結びついた大貿易商人や特許会社および古いギルド組織の傘の中に安住していた製造業者たちであった。これらの連中は王権と結託して自己の独占的利益を守るのに汲々としている。彼らは国富の増進にたいして少しも前向きの働きをしない反動的な特権層をなしている。今日の言葉をもっていえばこういうことになるであろう。スミスの言葉をもっていえば、彼らは社会の一般消費者を犠牲とすることによって独占利潤をもくろむ山師であり、仕事師である。ここでスミスが消費者の利益といっているのは、このような特権層を除いた一般社会の利益をさしていることにまちがいはないが、もっと的確ないい方をすれば、それは、これからまさに市民社会の主役として陽の当る場所へのし上ろうとしている「中等および下層の人びと」を意味するものであった。スミスが擁護したのは、実はこのような人びとの利益であった。

こうして私は第三の疑問に答えることができたと思う。スミスがナショナルなものをいつもまっ先に考えていた、というのはこれらの新興階級の人びとの立場を考えていたことにほかならない。なぜなら、これらの人たちがとりも直さず新しい国民の主体たるべきものだからである。「国防は富裕よりも重要である」といったスミスの言葉は、「国防は富裕のために重要である」と書き改められなければなるまい。コモンウェルスはコモンウィールと同じものであったことを、読者はここで思い出していただきたい。

マーカンティリストにたいしては峻烈をきわめたアダム・スミスも、フィジオクラットにたいしては非常に寛大であった。いままで世に現われた学説のうちで、この派の人たちの学説ほど「自由で寛大」なものはなかったと彼は心からの賛辞を送っている。スミスがケネーその他フィジオクラット派の学者たちとフランスで文化交流を行なったことはすでに述べておいた。またケネーの経済理論についてはもう少し後でふれることになるから、ここではその点に立入ることもやめよう。ただ一つ、どうしてスミスがケネーにこれほど親近感を感じたかということだけをいっておきたい。第一に、ケネーの国家統制からの自由の思想がスミスの同感をえるのは当然である。第二に、ケネーも商業や外国貿易よりは農業や工業、とくに農業に国富の基礎をおいたことがあげられる。流通過程よりは生産過程、この点で両者は一致する。そこにスミスとケネーの近代的な意義が認められるわけだが、二人の考え方や理論の中身は必ずしも一致しない。これは、両人のものの考え方のちがいと、十八世紀におけるフランスとイギリスの国情のちがいからきているものと思う。

6 生産力の体系

ここから『国富論』の第一編と第二編に入る道が開かれてくるであろう。もちろんどんな書物でも最初から読むのが本筋である。『国富論』にしても同じであるけれども、私のような読み方をするのも一つの方法であると信ずる。スミスの理論の背後にあるものをあらかじめ知っていたほうが、理論そのものの全体としての意義をつかみとるのにかえって好都合なのである。スミスはふつうこの最初の二編によってはじめて経済学の体系を打ち立てた人だと考えられている。科学としての経済学は『国富論』の最初の二編とともに生まれた。こう考えるのが専門家の常識である。ところがこのような専門家の常識は、しばしば樹をみて森をみないというか、いわゆる専門家の非常識を露呈することがある。それはスミスの叙述が茫漠としており、論理が一貫せず、前後撞着していて、その真意を捕捉するのに非常な困難を感ずることが少なくないからである。研究が微視的になればなるほど、研究者はスミスの全体像を忘れがちになったり、見そこなったりする。経済学者としてのスミスはそういった人である。私が、あらかじめスミスの全体像のほうへ読者の注意を向けようとこれまで努力してきたのは、実はこのような心配を胸中にもっていたためである。

一国の富を増加させるためにはいかなる手段をとるべきか。この問題に答えることが経済学者としてのスミスの根本課題である。スミスの答えは簡単ではないとしても、そのアイディアはきわめて明瞭である。それは生産力を増進することだという一句につきると思う。それでは生産力というのは何か。これが第一の問題であろう。つぎに、生産力を増進するためにどんな方法手段が考えられるのか。これが第二の問題であろう。スミスの経済学はこの二つの問題を軸として展開されているとみていいであろう。

すぐ前にもいったとおり、スミスはこんなにはっきりと問題を出したり、体系を論理的に展開しているわけではないから、それを読んで自分なりに整理するのに大変な苦労がいるのである。読むものの目のつけどころのちがいにより、実に様ざまの解釈が可能であり、その後の経済学の諸学派の主要な着想がほとんど全部スミスの中に発見できるほど、彼の叙述は豊富なアイディアにみちている。そういう意味で『国富論』は経済学の古典なのである。そこで私は私なりに、以上のような二点にしぼってスミスの経済学をつかんでみたい。そしてこれが最良のつかみ方だと私自身は信じている。

まず第一に生産力とはなんであるか。生産力とは、人間が土地の上で労働するときにだれの目にもはっきりと理解できるものである。だから土地と労働というものが生産力の二大要因であり、生産物がその結果であることはだれの目にも明らかだ。スミスの大先輩でイングランドの統計学者経済学者であったペティという人は、「労働は富の父であり、自然はその母である」といった。これは非常に有名な言葉である。スミスの思想も根本においてはペティとまったく同じである。富をふやすためにはだれもが働かなければならない。しかもその労働は、何よりもまず、自然すなわち土地の上に投下されなければならない。富というものはまず物質的な富として理解されるのである。ここから、農業があらゆる産業のうちでもっとも基本的かつもっとも重要なものだということになる。同じ労働でも、農業に投じられた労働は、他のどの産業部門に投じられた労働よりもより多く生産的であるとスミスはいうのである。ここでスミスが生産的といっているその用語の意味について、その後大きな問題が起ったけれども、そのことについてはいまはいうまい。いずれ後段でふれることになると思うから(一〇四ページ参照)。

ここではスミスのこの思想がケネーの思想に非常に近いことだけをいっておきたい。ケネー一派の人たちを重農学派と邦訳するのがふつうであるが、この訳も重商主義の訳語と同様に適訳ではない。フィジオクラットのもとの意味は、自然の支配ということであって、それは人為の支配に対抗する姿勢を意味する。フランス絶対主義へのレジスタンスを意味するものである。ただケネーは、農業労働だけが生産的であって、商工業に投じられた労働は不生産的だとしてはばからなかった。そこから重農主義という訳語が生まれたのであろう。

スミスはこの点でケネーに近づきながらも批判的である。農業に投じられた労働がもっとも生産的であるというのは正しい。しかし商業や工業に投じられた労働が不生産的であるというのは正しくない。スミスはこのように批判する。ケネーによると、農業はプロデュイ・ネット(純生産物、純剰余)を生むけれども、商工業は新たなものを生み出さない。だから商工業は不生産的であり不妊であるという。これにたいしてスミスが、三人の子供を生む一組の結婚がより生産的であるということはできるけれども、二人の子供しか生まない結婚は不生産的であるということはできまい、とこのように反駁したのも有名である。そこで労働生産力の度合いが大きいか小さいかの順序に従って産業を並べてみると、一、農業　二、工業　三、国内商業四、外国商業という系列が生まれる。スミスはこれを産業開発の自然的な順序と考えた。これからみてもわかるように、スミスの立場は徹底的なアンチ・マーカンティリズムであり、他方フィジオクラットにたいしては、非常な親近感をみせながらもいくらか批判的である。マーカンティリストは竿を一方へまげすぎた。しかしケネー一派の人たちもこの竿をもとへ戻そうとして、こんどは反対の側へまげすぎたのだ。スミスは第四編でこのように述べている。極端をきらうスミスのものの考え方がよく出ている言葉としておもしろいではないか。

それでは生産力を増進するにはどんな手段方法があるのか。この問いにたいする答として、スミスが分業をもち出したことはあまりにも有名である。ピン製造の例は、今日ではもはや経済学を知らない人の間にさえひろがっており、もはやたんなる解説をくり返す必要はあるまいと思われるほどである。簡単に記しておけば、一人の職工がはじめからしまいまで全部の工程を独力で働いたとすれば、いくら精を出しても一日に一本のピンをつくるのがせきの山であろう。ところがこれを十人の職工に分担して働かせるとすれば、一日に四万八千本のピンをつくることは可能であろう。一人当り四千八百本ということになるわけで、生産力の増大がいかに飛躍的なものであるかということがこれでよくわかるとスミスはいうのである。スミスがみているものは、まだ本格的な近代の大工場ではない。その一歩手前のマニュファクチャー（工場制手工業）であった。彼は分業の利益として一、技巧の増進　二、時間の節約　三、機械の発明を促すようになること、の三つをあげている。私たちはここで、スミスが若かったころ自分の目でみた町の工場の思い出、グラスゴウ大学におけるワットとの出会いなどを思い起してみることもできる。しかしスミスがまだ産業革命以前の経済学者であったことを確認しておくほうがもっと有意義であろう。産業革命は、イギリスでは一七六〇年代から始まったといわれている。スミスはまだ、産業革命が何よりも技術の上の革命であることを十分に体験することができなかったのである。

しかしながら、生産力を増進する手段方法として、ただ分業のことだけをスミスが念頭においていたとみるのは、現代のスミス解釈としてはあまりに狭すぎる解釈だといわなければなるまい。スミスという人は、今日の学者のように、そもそも生産力とは何か、生産力を増進する手段方法は何と何であるかなどと開き直った説き方はしない。自然に説明が流れていくのである。たとえば分業にしても、彼が念頭においている分業はただ労働工程の上だけの分業ではない。職業と職業との分業、農業と工業および商業との間の分業、さらに都市と農村との間の分業など、社会の全体にわたっている。スミスは哲学者と日傭人夫との間にさえ一種の分業が行なわれているとみる。つまり生産力の増進のためには、たんに技術革新が必要であるばかりでなく、たとえば企業間の関係を改善するとか、流通過程を整備するとか、一言でいえば、人間関係や制度の合理化が必要だということになるのである。スミスはもちろんこのようないい方はしていない。それはかりに私が現代の感覚を通してスミスをみたまでのことである。スミスの読みすぎは警戒すべきであるけれども、彼が生産力というものを、けっしてただたんに狭義の分業(技術的分業)にだけ限っていなかったことを強調しておきたいのである。近代化とはスミスにとって広い意味での生産力の体系を打ち立てることであった。

このような意味での生産力の体系を打ち立てるには、いろいろな方法がある。スミスがもっとも力をこめて説いたのは、そのうちでも二つあると思う。一つは私有財産とその上に立つ自由競争という主張であり、もう一つは節約と蓄積によって一国の富を不断に増大させるということである。前の主張はスミスの自然価格論とその分析理論となって現われ、後の主張は彼の資本の理論、蓄積と再生産の理論となって現われる。この二点により、スミスは経済学の創設者として後世から仰がれるようになった。詳細は次章以下で検討することになるから、本章では問題の輪郭だけをまずもって描いておくことにしたい。

7 スミス経済学の本命

まず第一の点から始めよう。分業をこのように広く(技術的分業、社会的分業、精神的—肉体的分業など)解釈すると、分業の行なわれている社会では、すべての人が自分ひとりでは何事をもなしえない、また一日たりとも生活することのできない相互依存の関係におかれることになる。スミスの言葉をもっていえば、交換なくして分業は成り立たず、したがって分業の発達した社会では、すべての人間が多かれ少なかれ商人とならざるをえないようになる。スミスはこのような社会を商業社会と呼んだ。ここで商業社会と彼がいうのは、たんに狭義の商業の社会というだけでなく、工業も農業も含めた近代的な産業社会、すなわち市民社会のことをさしているのである。市民社会とはすぐれて経済的な社会であった。それは分業と交換を軸として展開されていく社会のことである。

分業と交換がスムーズに行なわれていくためにはどんな前提が必要なのか。その前提としては、まず第一に、個々人の自由な活動が保障されていなければならない。交換は相手方の自愛心利己心に訴えることによって行なわれるものであって、そのヒューマニティ(人間愛)から発するものではない。自由競争こそ交換社会の黄金律でなければならない。といっても、相手方を不当につきとばしたり、ルールを無視したりして栄冠をかちとるマラソン・レースのようなものであってはならない。自由競争はどこまでもフェアなものでなければならぬ。つまり正義の原則の上で行なわれるものでなければならない。この点についてはすでに述べておいたが、念のためにもう一度くり返しておくしだいである。それよりもいまの場合たいせつなことは、スミスが、自由競争がフェアに行なわれるために私有財産の絶対不可侵を強く要請しているという事実である。十七、八世紀の啓蒙思想家たちは、人間の自然権という主張を強く打ち出した。人間の自然権というのは、人間が自己の生命、身体、財産にたいしてもっていると考えられた絶対不可侵の権利のことである。スミスにもこの思想が流れていて、とくに財産にたいする私有権を「もっとも神聖不可侵な人間の権利」だと宣言している。分業と交換にもとづく自由競争の社会は、とりも直さず神聖な私有財産制とそれを擁護する政治権力をまってはじめて可能となるものであった。

このような前提の上に行なわれる自由競争は、人びとの上に幸福をもたらすであろうか、それとも不幸をもたらすであろうか。スミスの答えはもちろん前者である。なぜか。それは「自然価格」と名づけられる一つの望ましい状態を成立させることによって、商業社会(市民社会)の全員に安定と満足をもたらすからである。ここでいう自然価格とは何か。この問題に答えるのが『国富論』第一編の眼目であって、その後の経済学の源流はここから発している。その中身については次章以下でもう少し詳しく説明することになるから、ここではその基本的な性格についてだけ一言しておこう。

自然価格というのは、個々の人間の自由な活動の間から、自然に、つまり個々人の意図とは独立に成立する価格のことである。自由競争に熱中している個々の人間は、ただひたすらに「自己の境遇を改善せんとする欲望」にかられて行動していて、だれも自然価格のことなど考えてはいない。しかしそれにもかかわらず、「一つの見えざる手」が働いて自然必然的にこのような価格を実現させるようになるとスミスはいうのである。「見えざる手」とは何か。今日の言葉でいえば経済法則のことである。今日の言葉でいえば、スミスは経済社会のメカニズム(機構)を分析して、そこに一つの経済法則が働いていることを発見したのである。自然価格というものは、スミスにとってこのような機構分析の出発点となったものである。

スミスによると、自然価格は三つの構成要素からできている。利潤と地代と賃銀の三つである。ということは、この社会には三つの大きな階級が存在していることを意味する。資本家と地主と労働者がそれである。利潤をうけとるものは資本家であり、地代をうけとるものは地主であり、賃銀をうけとるものは労働者である。市民社会というものは、ほかにもいろいろの階層はあるけれども、基本的にはこの三大階級によって支えられ、組み立てられているとみるのがスミスの見解である。これらの階級間にはときとして摩擦もあろう、不調和もあろう。しかし自由競争が公正に行なわれる限り、生産力の増進によってふえた社会の富は、あらゆる階層の間にまんべんなくゆきわたり、社会の一般的富裕が実現されることになるという。いかにも楽観的な階級調和観である。この楽観的な調和観にたいして、直ちにリカードやマルサスの反撥が生じたことは当然である。

ところで、労働の生産力を増進するためには資本が必要である。すでに分業を行なうためにも何ほどかの資本が蓄積されていなければならないし、さらにその規模を拡大していくためにはもっと多くの資本が必要である。そこで資本とは何か。資本の蓄積拡大とは何か。このような問題が起らざるをえない。今日の経済学の言葉でいえば、資本の生産と再生産の問題であるが、スミスはこの問題を『国富論』の第二編で扱っている。

資本はどうして蓄積されるのかという問題にたいしては、スミスはパーシモニー(節約)によってと答える。いかにもスコットランド人らしい答えではあるが、ここでパーシモニーといわれるものは、たんにしまっておくというような消極的なものでないことは一見して明らかである。それは積極的な投下によって利潤をあげ、さらにより大なる資本蓄積へと発展しなければやまないものである。初期の産業資本家のエトスをそのまま率直に表明したにすぎない。節約せよ、そして蓄積せよ、より大なる蓄積のために。こういう気もちを表わすのがパーシモニーという言葉なのである。

資本がこのエトスを実現するためには、生産的労働者を雇傭しなければならない。そこで生産的労働とは何かという問題が発生する。生産的および不生産的の問題について、スミスがケネー一派の理論を批判したことについてはすでに述べておいた。スミスの批判は正しかったが、どうもその結論が妥協的で不徹底なうらみがあった。つまり、同じ労働でも農業に投下された労働がもっとも生産的で、以下工業、国内商業、外国商業という順序によって生産性が下降するということになっている。そこでスミスは、資本を投下するならまず第一に農業に、つぎに工業、国内商業、外国商業という順序に従うべきだと主張する。これが資本投下の自然的順序と呼ばれるものである。

問題は、農業に投下された労働が他の産業部門に投下された労働よりも、より生産的だといいうる根拠はどこにあるか、ということにある。この問題にたいするスミスの答えは動揺し、自己矛盾を露呈している。スミスが「生産的」という言葉を使ったとき、それは二つの意味をもっている。一つは、より多くの販売できる物財(簡単にいえば商品)を生産することを意味する。農業ではこのことが一見きわめて明瞭であるようにみえる。なぜなら、かりに一ブッシェルの小麦を農地に蒔いたとする。収穫は十倍から数十倍になるであろう。物財の増加は目にみえて明らかだ。これは「農業においては自然が人間とともに労働するから」だとスミスは説明しているけれども、自然が労働するとはいったいどういうことなのか。さっぱりわからないのである。要するにスミスは、ピン製造の場合と同様にものの量が殖えることを生産的だとここでは考えているのである。

そこでもう一つ、雇い主(資本家)により多くの収入をもたらす労働が生産的だという考え方がある。これがスミスの第二の見方である。これによれば、農業であろうと、工業であろうと、商業であろうと、あるいはサービス産業であろうと、すべて雇い主に利潤をもたらす労働はみな生産的労働だということになる。第一の規定と第二の規定は明らかに矛盾している。第二の規定からみると、いくら販売できる物財をたくさん生産しても、雇い主である資本家に利潤をもたらさなければ、その労働は不生産的である。反対に、どんなに物財を浪費しても、資本家に利潤をもたらす労働であれば大いに生産的だということになる。スミスはこの矛盾を解くことはできなかったが、後の学者にもっとも重大な問題を与えたことになる。いったい、物をつくるということと利潤をかせぐということとは両立しうるものであろうか。こういう問題をスミスが後の学者に与えたことになったのである。私はスミスとマルクスとの関係をたずねるところ(第七章)でこの問題について考えることになろう。

スミスの混乱と自己撞着が、後世にとってどんな大きな意味をもっていたか。以上はただその一例である。そのほかにいくらでもこんな事例をあげることはできるけれども割愛しておこう。ただここで一つだけいっておきたい。スミスの混乱の原因として、フィジオクラットの影響を彼が十分に消化吸収できなかったためではないかということが考えられる。イギリスの学者たちは、スミスにたいするフィジオクラットの影響をできるだけ小さくみようとする傾向をもっている。たとえば、スミス学者のスコット教授は二十世紀になって、スミスがフランスへ渡る前に書いたと思われる一つの草稿*を発見した。彼はそれを根拠に、スミスがかねてから独立にケネーたちに近い考えをもっていたことを証明しようとした。だが日本の学者の目からみると、やはりスコットのいい分には多分のお国びいきが混入しているとしか思われない。階級の問題にしろ、資本とその再生産の問題にしろ、スミスは新興都市グラスゴウでの体験から、ある程度の観念をもつことができたにちがいない。しかしながら、私たちが現に『国富論』の第一編と第二編でみるような、そういうはっきりした観念はフランス旅行の結果としてえられたものだとみるほうが、スミスのいわゆる「公平な傍観者の立場」ではあるまいか。十八世紀におけるイギリスとフランスの文化交流をここでも認めるべきであろう。スミスはそれによって一段と大きく、インタナショナルなスミスとして成長をとげたのである。

* W. R. Scott : Adam Smith as Student and Professor, 1937. の中にこの草稿が収められている。邦訳では『国富論草稿』として大道安次郎(創元社)、水田洋(日本評論社)両氏の訳がでている。

五　調和の体系と不調和の体系

1　市民社会の解剖学

もともと道徳哲学者であったアダム・スミスがどうして経済学の創設者となったのか。私たちはその次第を前の二章でどうやら跡づけることができたようだ。これから先は経済学者としてのスミスをもっと立ち入って研究してみることにしよう。

経済学は市民社会の解剖の学だとよくいわれる。市民社会とは何かということについては、読者も一応の理解をえられたことと思うので、解剖の学ということについてまず簡単に述べておきたい。いうまでもなく解剖学というものは、生理学とならんで医学にはなくてはならない基礎科学である。経済学者が社会の問題に立ち向かうときに、まず最初に念頭に浮かんでくるのが、医者の姿であろう。医者というものは人の病気を診断し、処方箋を書き、病気を治して人の健康を維持するような助言を与えるのがその職務である。経済学者の仕事もまったく同じであると考えられる。ただこの場合、経済学者がとり組むのは個々の人間の健康ではなくして、社会という肉体の健康だということがちがうのである。ここから body politic（政治体）* という言葉が生まれてくる。医者がその職務を果すために解剖学や生理学などさまざまの基礎科学の裏づけが必要であるように、政治体の医者もまた新手の解剖学や生理学が必要である。経済学はこういう意味で市民社会の解剖の学として生まれてきたと考えられている。

* ここで政治体というのは、狭い意味の政治的世界ではなくて、さきに政治経済学といった場合の政治、すなわち国家社会に関するというほどの意味である。

だから経済学という学問は自然科学をモデルとして生まれてきたことがわかる。自然科学者は自然や人間の肉体を観察して、そこから一つの秩序すなわち法則の支配を発見しようとした。経済学者のやり方もまったくこれと同じであった。市民社会という肉体にはどんな秩序があるのか、そこにはどんな法則が支配しているのかを知ろうとつとめたのである。少なくとも初期の経済学者のやり方はそうであった。スミスの先輩格に当るペティという学者は、『アイルランドの政治的解剖』（一六九一年）という表題の書物を書いているし、またケネーは、貨幣が一国の諸階級の間を流通して経済の生産と再生産をスムーズにしていくありさまを、人体における血液の循環になぞらえた。ペティもケネーもともに初めは医者であったのであって、医学と経済学のつながりはなかなか因縁の深いものだということが推察されるのである。

スミスはこれらの先輩のように医者ではなかった。したがって医学のほうからの連想で政治体ととり組むというような発想法はとらなかった。ペティやケネーにとって、とくにケネーにとっては国家社会というものは一つの有機体であった。社会の医学者としてのケネーには、この有機体を支配している秩序を発見することが何より重要な仕事だと思われた。ケネーはこれを自然の秩序すなわち自然秩序 ordre naturel と名づけた。スミスは政治体を有機体のようにはみなかったが、しかしこれを精巧な時計のように見立てて観察している。ケネーのオルガニズム的な見方にたいしてメカニズム的な見方のちがいがあるのである。しかしこのようなちがいはあるとしても、それは結局アナロジーのちがいにすぎず、そこに本質的な相違があるのではない。スミスもケネーと同様に、経済の世界に一つの秩序が存在していることを信じて疑わなかった。そしてこれを探究するところに科学としての経済学が誕生したということになる。時計は有機体ではない。人が製作したものである。しかしある一定の法則に従って時をきざんでくれるのである。国家社会にしてもまったくこれと同じ理法で捉えうるはずである。こうしてスミスの目は、広くいえば社会における自然的なもの、狭くいえば経済の自然秩序とは何かという一点に向かって注がれたのである。

政治体をこのような態度で観察するということは、実は必ずしも経済学者だけがなしえた独自の態度ではない。経済学者以外の学者や思想家の中にも、こういう観察態度をもって国家社会の問題ととり組む人たちがしだいにその数を増してきたことをいっておかなければならない。十七世紀から十八世紀にかけてのイギリスやフランスではこの傾向が目だってきている。これはこの両国における近代市民社会の生成ということと密接に関係があることであって、とくにイギリスでは、市民社会についての諸科学がこの両世紀にかけてつぎからつぎへと芽をふいてきたのである。* たとえば政治学、法学、統計学、経済学、社会学、歴史学など現代社会諸科学のもっとも重要な分科がこの時代のイギリスで立派な芽を出している。これは、イギリスが近代市民社会の母国であったことと符節を合せる事実として、きわめて興味が深いのである。

* それより前に自然科学の花が実を結んでいることをいっておかねばならぬ。ハーヴェーは血液の循環を発見し、ニュートンは古典的な力学の体系を完成した。ともに十七世紀のことである。

それにもかかわらず、経済学が市民社会の解剖学、あるいは市民社会の科学だとして諸科学の王座をひとり占めするように思われるのはなぜであろうか。読者はもはやその理由を十分に察知せられたことと思う。それは市民社会がすぐれて経済的な社会であるためである。経済の世界をおさえたものは市民社会をおさえたことになり、逆に、経済を知らないものは本格的に市民社会を知らないものだということになる道理である。といって経済だけを他の世界から絶縁してみているだけでもほんとうでない。それではまだすぐれて経済的なといわれるそのすぐれての意味を十分よく理解したことにはならないのである。

2　自然的とは何か

『国富論』を読んでいると、全編にわたりいたるところで自然的という言葉に出会うので、どんな不注意な読者でも、いったいこの自然的というのはなんのことであろうかと疑問をもたざるをえないであろう。そこでもう少し注意してしらべてみると、どうもスミスが使っている自然的というその言葉の意味が必ずしも明瞭でなく、あいまいであったりいろいろの意味に用いられていることがわかってくるであろう。ケネーの場合と同様、スミスにおいても、この自然的という思想が非常に重要な役割を占めていることはいまみたところであるが、さらにこれをもう少し分析してみると、つぎのようないろいろの意味をもっていることがわかると思う。

まず第一に、自然的は自然必然的にという意味に使われている。これは自然界の法則になぞらえて政治体の法則を考えるということから生まれる考え方である。人間や社会を本来の自然と同様に一つの自然とみる思想である。このことについては前の章でも述べておいたから、ここではこれ以上ふれないことにしたい。

第二に、自然的は当然そうあるべきもの、したがって望ましく正しきものという意味に使われている。たとえば、もしいっさいの特権がとり除かれて完全な自由競争が行なわれるならば、

「自然的自由の単純で明白な体系」が実現するであろうとスミスはいう（第四編）。この自然的自由の体系というのは、まさに私たちにとって望ましきものであり、社会の体制としてまさにそうあるべきものなのである。またたとえば、『国富論』の第三編では「富裕の自然的進歩」について論じている。この場合自然的というのも、まさに当然そうあるべきという意味なのである。富裕の自然的進歩というのはなんのことか、ついでに簡単な説明をはさんでおくと、それは、資本は農業から工業へ、工業から商業へ、同じ商業にしても国内商業から外国貿易へという順序に従って投下されるのがよいというスミス独特の考え方からきているのである。これは農業労働がもっとも生産的で、工業商業がそれに次ぐというスミスの生産的労働についての理論と結びついた考えである。ローマ帝国の没落以来、ヨーロッパのすべての国がとった政策はこの理論に背いていた。それは事物自然の理法に反したものであり、したがって不自然であるということになる。いわゆる中世のヨーロッパでは、まず農村が開発されないで都市が開発された。都市の発達が逆に農村にプラスマイナスの影響を与えた。マーカンティリズムというものもそのマイナス面の集中的な表現なのだ。スミスはこのようにいいたかったのである。*

『国富論』の第三編では、こういう見方から、ローマ帝国没落以来ヨーロッパの諸国がとった政策がいかにまちがっていたかということを、歴史的に叙述しようとつとめている。叙述は歴史的であるけれども、スミスがいいたかったことはただ一つ――それはすべて「富裕の自然的進歩」に反して行なわれたものだということであった。

＊ ただしスミスは都市と農村との間に相互的な作用が行なわれていること、すなわち都市と農村との間の分業の効果を認めていることを見落してはならない。

人間の自然権の思想もやはり、まさにそうあるべき権利という意味であることは明らかだ。人はそれぞれ自己の生命や身体に対して自然権をもっている。財産というものは本来人が労働することによって獲得するものである。労働は人間の活動を土地(自然)に投ずることから始まる。だから財産権は人間の自然権の延長であり、それ自身自然権の一部となるべきものである。こうして「もっとも神聖にして不可侵な権利」としての財産権が生まれる。財産というものは市民社会の絶対的な基礎なのである。

以上の説明からわかるように、私たちは自然的という言葉で、さし当り二つのまるで違った世界のことがいわれていることに気がつく。スミスにとって自然的はこのような意味をももっていた。自然的である。それは重力の法則の作用と考えられるもので、リンゴが木から落ちるというのは第一の意味での自然的である。それは重力の法則の作用と考えられるもので、自然必然の世界の出来事である。

ところが第二の意味で自然的といわれたときには、まったく違った世界の出来事をさすことになっている。それは自然必然の世界ではなくて価値の世界をさしているのである。同じ自然的という言葉で、必然の世界と価値の世界が同時に考えられている。同じ自然的という言葉で、存在と当為、ザインとゾルレンというまったく違った二つの世界のことが考えられているわけである。後世の学者の中にはこのようにスミスを批判し、そしてこれはスミスがまだほんとうに近代的な意味での科学者になりきっていない証拠であるといって、スミスの前近代性を非難する人が少なくない。こういう批判や非難は的はずれではない。私もまたそのとおりだと思うけれども、そういうことばかりいっていたのでは、スミスのよさも偉さもわからないことになってしまうと私は思う。反対に、このような混同があるところに、かえって新しい科学を創造しようとするパイオニアの非凡な力が示されていると思うのである。

ここで自然価格 natural price という概念をとってみよう。これはスミス経済学の一つの中心概念であることは前の章の終りで述べておいた。自然価格というのは、すべての個人が利己心に導かれて自由な経済競争を行なった結果自然に成立する価格のことである。価格というものは市場における人びとのかけひきによって絶えず変動する。いいかえれば、買い手(需要)と売り手(供給)の関係によって絶えず変動し、一刻も静止することはないであろう。もし自由競争が完全に行なわれ、権力その他の干渉が加わらないとすれば、結局それ以上もはや変動することのない一つの静止点に落ちつくであろう。この静止点において成立した価格のことを自然価格というのである。

この静止点において成立した価格である自然価格は、自由競争の極限において成立する価格である。わかりやすくいえば、結局において in the long run 成立する価格である。だから後の学者はこれを in the long run price（長期価格と訳す）とも呼んでいる。これにたいして、需要供給の関係によって変動つねなき価格は市場価格と呼ばれ、あるいは長期価格にたいして短期価格と呼ばれる。ところが注目すべきことには、自然価格は、ただたんに市場価格の変動がもはやなくなってしまった極限の時点で成立するばかりでなく、いつでも変動してやまない市場価格の中心点にあって、もし市場価格が上りすぎればこれを引下げ、下りすぎればこれを引上げるという働きをもっていると考えられている。スミスはそれで、自然価格のことを休止と持続の中心だとも呼んでいるのである。こういうわけで、後の学者は、この意味でのスミスの自然価格のことを中心価格もしくは重心価格とも呼ぶようになったのであるが、それはもはや長期とか短期とか時間の長さの問題ではなく、それとは別に、市場価格の変動を自動的に調節する作用をもっている価格なのである。それはリンゴが木から落ちるときの重力の作用になぞらえて考えられているように思われるのである。

ところが、自然価格にはもう一つ見のがしてはならないきわめて重要な意味が含まれている。自然価格というものは、需要と供給が完全に一致したところに成立する価格（もしそうでなければ価格は絶えず変動するはずである）であるから、それはもっとも望ましい価格である。もし価格が自然価格以上に騰貴すれば、これによって満足する売り手すなわち供給者の数は多いであろうが、これによって満足する買い手すなわち需要者の数は少ない。反対に、もし価格が自然価格以下に下落するならば、満足する需要者の数は大きくなっても満足する供給者の数は少ないであろう。したがって、需要と供給が完全に一致したところに成立する自然価格こそは、最大多数の需要者と供給者に満足を与えうるはずである。それはとりも直さず、その社会の生産力が最高に発揮されていることを意味する。こういうことになるであろう。自然価格は望ましい価格である。この望ましい価格を自動的にもたらすようになる自由競争こそ双手をあげて祝福されなければならないのである。

ここで読者は、いやというほどはっきりと自然価格の二重性格をみせつけられた思いがするにちがいない。それは経済の自然法則であると同時に、経済の理想郷である。明らかにザインとゾルレンの混同であるといわれても弁解の余地がなさそうにみえるのである。しかしながら、そのようにせっかちな断定を下す前に、もう少し私のスミス解釈に耳を傾けていただきたい。スミスの自然概念にはさらに第三の意味が含まれていたのである。

3 みえざる手の導き

私たちはよく、自然はうまくできているとか、ものごとは自然に解決されるであろうとか、そんなふうな言葉を耳にすることがある。スミスが事物自然のなりゆき natural course of things

といったり、自然的自由の体系がおのずから of its own accord 実現するといったりするときには、ちょうど私たちの耳なれた言葉をきくような気もちがするのである。一面そのとおりで、スミスの言葉は現代日本人のものの感じ方にある程度まで入ってきてくれる。しかしながら、スミスはキリスト教の土壌で育った人間であり、しかも十八世紀の人間である。スミスにたいする現代日本人の同感の気もちには、このような二重の意味で限度があるはずである。スミスがこのように、事物自然のなりゆきとかおのずから(すなわち自然に)といったときには、スミス独特の自然概念がその磁場として働いていたことを知らなければならない。ここで自然というのは、物理的自然でも人間的自然でもなく、その基盤にあって二つの自然を支えているものと考えられる神のことである。自然 Nature という言葉は西ヨーロッパではしばしば神と同じ意味に使われているのである。

無神論者として世間から警戒されたヒュームを親友としてもっていたスミス。大学の思想取締まりや教会の迷妄にたいして反抗的な態度をとったスミス。このスミスに神があったであろうか。もちろん神は存在した。無神論者ヒュームにしても絶対的に神を否定したのではなく、これまでの諸宗教にたいしてきびしく批判的であったまでのことであって、ニーチェやドストエフスキーの作品に現われるような徹底的な無神論というものは、十八世紀にはまず現われえなかったであろう。ただ十八世紀という時代には、神を人間の世界に引きずり下していろいろと論議することそのことだけで立派に無神論者というレッテルを貼られることになったかもしれないのである。

スミスはいうまでもなくクリスチャンであり、神を信じていた。しかしスミスは神のプランを人間の手で跡づけ探りあてようとした。これが近代のヒューマニズム（人間主義）である。そしてこれが近代科学者のエトスであり、基本の態度であった。ニュートンにしてもその例外ではなかった。スミスもその点では同じであった。時計は人が製作したものだけれども、でき上ってしまえば一定の法則に従って自動的に時をきざむようになっていると、スミスはこのようにいった。これは自然価格のメカニズムを通して生産力が自動的にのびていく経済社会の捉え方を説明するためであった。読者もこの時計のアナロジーを覚えていて下さるにちがいない。ここで時計の製作者というのは神さまのことだと思えばいい。そして時計というのは神の被造物だと思えばいい。そうすれば、自然と人間と社会の背後には神がいて、神がこれらのものを作ったのだという思想が端的にそこに表明されていることがわかるであろう。

だがだいじなことが一つある。時計を作った人は、一度これを作ってしまえば後は時計自身の世界に一任してしまうのであって、こんどは時計をもっている人が管理者となる。彼はときどきねじを巻いたり、油をさしたりして善良な管理者の注意を怠らなければよいのである。時計はひとりでに自分自身の法則に従って動いてくれるであろう。自然と人間の創造主である神さまにしても、まったくこの時計製作者と同じである。神は自然と人間の創造の初めに一度顔を出すけれども、その後は創造主として自然と人間のいとなみを見守るにすぎない。だから問題は管理者たる人間の側にあることになる。私たち人間はどこまで神のプランをつかみとることができるか、それをふまえてどこまで善良な管理者としての責任を果すことができるか。それが問題なのである。おせっかいは禁物である。スミスが自然の進歩に従えというのは、背後にこのような神思想を抱いていたからにほかならない。この思想があって初めて科学者(社会科学者)は安心して仕事ができるであろう。思想は科学者にとってなくてはならない磁場としての働きをなすものだ。磁場をもたない科学は空中に浮かんだ人工衛星みたいなものである。たとえどんなに精巧に作られていても、結局は地上に落下して自滅するほかはないであろう。スミスの偉さは、このような思想の磁場から人間と社会の科学を浮かび上らせることに立派に成功したところにあったと思う。スミスの自然価格論にたいして、いたずらに非難を加えているだけでは、現代の科学にとってなんのたしにもならない。スミスは十八世紀という時代の制約の中で、思想と科学の結びつき*という現代社会科学にとってもっとも根本的な問題に対決したわけで、私たちのスミス解釈はこの点の重要さを見そこなってはいけないと思うのである。

*　中世以来のヨーロッパでは自然法といわれる思想が一般に支配していた。近代の科学はこの自然法思想から脱皮してきたものだと考えられる。スミスと自然法の問題がここから生まれる。しかしこの問題はもっと専門的な研究

書に譲らなければならない。

アダム・スミスのあの有名なみえざる手の導き*という言葉が、ここで初めて理解できるようになったと思う。それは神の導きであるとともに自然の運動であり、経済のロゴスである。私たちはただ利己心という経済的な動機からめいめいの最善を尽しさえすれば、自分が全然意図しなかった全体目的を実現するようになるのである。これがスミスのみえざる手の導きである。

* みえざる手 an invisible hand という言葉は、『国富論』に一回(第四編第二章第七パラグラフ)、『道徳感情論』に一回(第四部第一章第十パラグラフ)出てくるだけである。ただし『哲学論集』には数回にわたって使われている。

4 調和観の性格

このようにみてくると、また読者の側から一つの疑問が起るかもしれないと思う。スミスの思想は、これではあまりに楽天的ではあるまいか。世の中がスミスのいうようにうまく調和的に進むものとすれば、私たちはなんの苦労もないはずだ。自由競争とは、現実の社会では弱肉強食のことではないのか。食うか食われるか。これが自然のありのままの姿なのである。だからホッブズのような人は、万人の万人にたいする戦いの姿を自然状態とみたのではないのか。このような疑問が必ず起るであろう。

まことにもっともな疑問であるといわなければならない。個々人のすることがおのずから社会全体の目的を実現するようになるという見方は、一つの社会的調和観であり、自然調和の思想である。社会的矛盾と平和の危機にいためつけられている現代の人間の目からみれば、このような調和観や自然調和論はまるで別世界の夢物語りのように思われるであろう。十八世紀という時代は、そんなのんきな時代であったのかとびっくりする人もあるかと思う。しかしながら、実はそうではない。十八世紀は争乱と変革の世紀であったことは前に述べておいた。スミスがここで調和の世界を説いているのは、現代のだれかが調和の思想を説くのとはまるで意味がちがうのである。もしどこかの国の政治家が寛容と忍耐と調和をもって政治のモットーとしたとする。それは戦いにつかれはてたものの泣き言であり、現実のアンバランスや不調和をおい隠すためのお説教でしかないであろう。同じ言葉でも十八世紀においてはまったくその意味がちがってくる。それはたびたびいってきたように、自由のための戦いと新しい社会への確信をいい表わす前向きの姿勢を示す言葉となるのである。

スミスのいう自由とは、たんに××からの自由といったような後向きで遁走的なものではない。それは××への自由とでもいうべき積極的前進的なものである。それはすでに硬化して役割を終ってしまった古い秩序の代りに、生き生きとした個人の創意と、生産力に溢れた新しい秩序を作り出そうとする人間の能動的な働きをさすものと思えばよい。スミスのいわゆる自然的自由の体系というものはそのようなものであった。

もっとも、このような自然的自由の体系がいますぐイギリスで実現するものとは、当のスミスでさえも考えてはいない。「大ブリテンで自由貿易の回復を期待するのは、オシアナ*の確立を期待するのと同じく不条理である」と、スミスはマーカンティリズム批判の中で述べているのである。この言葉はそっくりそのまま自然的自由の体系そのものに当てはまるであろう。自然的自由の体系はスミスにとって一つのユートピアであったことがわかる。けれどもユートピアはただの夢物語りではない。それは社会の現状にたいする批判と対決のかまえから出てくるものであって、今日の言葉でいえば、主体的な人間のいないところにユートピアは発生しない。スミスが主体的な人間のパトスとエトスをあわせもっていたことはすでに述べておいたとおりである。こういうわけであるから、スミスの調和観が、近代化への戦いの中でどんなに大きな歴史革新的な意義をもっていたかが理解されるであろう。

* J. Harrington : The Commonwealth of Oceana, 1656. イギリスのピューリタン革命のさ中に書かれた政治的なユートピアであって、アメリカ独立革命やフランス革命にかなりの影響を与えたといわれている。その民主政体論にスミスはひかれていたように思われる。

もう一つ著名な一例をひいておこう。スミスはアメリカ植民地放棄論者であったことはよく知られているが、どうしてこういう結論をとるようになったのか、その筋道はあまりよく知られていない。スミスが『国富論』の執筆にとりかかっていたころ、イギリス本国とアメリカにおけるその植民地との間の関係はだんだんと悪化していった。それは本国政府の圧迫にたいする植民地の反抗がしだいに高まっていったためである。植民地というものは本国のためにあるのであって、そのためにできるだけ植民地を利用し搾取するのがよいという考え方は、ポルトガルやスペインの植民地政策にはっきりと現われていた。十八世紀イギリスの植民地政策もこの基本線をはずれなかった。たとえばイギリス政府は、一七五〇年には植民地製造品の輸入を禁止する法令を公布し、同じ年鉄条令により植民地の鉄工業を禁止した。一七五六年には、七年戦争の勃発とともにイギリス、フランスの植民地戦争が激化して、支配権はイギリスの手に帰した。一七六四年にはアメリカでイギリス製品の不買運動がおこった。一七六八年にはイギリス製品輸入の反対同盟がニューヨークに結成され、ついにボストンに暴動が起り、鎮圧のためイギリス軍が上陸するという事件にまで発展した。越えて一七七〇年にはボストンに虐殺事件が起り、イギリス軍の撤退を要求するにいたったが、同じ年イギリス政府は茶以外の製品の課税を撤廃せざるをえなくなった。その後トラブルや流血の不祥事が続発してついに一七七五年のアメリカ独立戦争にまで発展していった。『国富論』が出た一七七六年はアメリカ独立宣言が発せられた年であったことをもう一度思い起していただきたい。

そこでスミスの植民地放棄論に戻ると、スミスの論理はこうである。ギリシャやローマなど古代の植民地においては、本国と植民地の関係は自由で対等であった。植民地は本国によって自治と自由を認められていたのである。イギリス本国とアメリカ植民地との関係もこのような関係でなければならない。もしそうでないとすれば、それは本国にとっても植民地にとっても不利益な結果となるほかはない。双方の利益のために植民地は放棄したほうがよろしい。スミスは『国富論』の中でこのように論じている。アメリカの独立宣言を先廻りして擁護したことになる。植民地貿易に利害関係をもつ本国の金権階級や地主階級などの抵抗の中で、スミスのこの言葉が綴られたことを私は重視したいのである。

植民地問題にたいしては断固たる態度をとったスミスは、フランス革命にたいしてはどんな態度をとったであろうか。自由、平等、友愛を旗印とするこの革命が、スミスの同感をかちとらなかったはずはないと考えられるかもしれない。そうかもしれないし、そうでないかもしれない。スミスはフランス革命については何も記録を残していないのである。そしてその後二年で彼は世を去ってしまったということもある。しかしながら、スミスは多分このようにラディカルな政治的な変革には心からの同感を送らなかったのではなかろうか。私はこんなふうに想像するのである。スミスは経済問題についてはかなり革新的な意見をもったが、政治問題については発言が慎重で、むしろ保守的であったように思われる。経済の世界は便宜の原則が行なわるべき世界であるが、政治や法の世界は正義の原則が行なわれなければならない世界である。このように論じたスミスである。政治の世界を正義の徳で捉えるというやり方はギリシャ的な思想である。植民地放棄論の場合にも、スミスはギリシャの植民地を引きあいに出していた。若いころからの古典にたいするスミスの勉強のほどがしのばれるであろう。ギリシャ人は正義や中庸や調和の精神を重んじた。スミスの調和観にもこの古典的な精神の血が流れているとみてよいであろう。調和の思想は、ときに革新的な思想となり、ときに保守的な思想となりうるものである。スミスが革新思想家として必ずしも首尾一貫しなかったのは、彼のバランスのとれたものの見方考え方のせいであったと思われる。

5　スミス批判のはじまり

なるほどスミス調和観の性格についてはこれでわかった。自然調和の思想は近代化の起点において一つの積極的な役割を果したのである。だとすれば、この積極的役割はあくまでも歴史的なものでなければならないはずだ。近代化の進行とともに、このような自然調和観にひびが入ったり破綻が生じたりするのは、これまた自然のなりゆきといわなければなるまい。

批判がまもなく内部から起った。内部からというのは、スミスの思想や理論に反対するのでなく、それを受けついでスミスと同じ道を歩いていく人たちから批判が起ったという意味である。経済学者のデイヴィッド・リカードとロバート・マルサスがすなわちそれである。彼らの意見は、批判というよりはむしろ修正と展開といったほうがよく、基本的にはスミスの思想や理論と変るところはない。変ったのは時局であり社会情勢である。こういうわけで、経済学史の上では、スミスとリカードとマルサスの三人をイギリス古典派経済学の代表者と考えているのである。ここで時局と社会情勢の変化というのは、まず第一に、産業革命の進展に伴って起った大きな経済的社会的変化のことである。スミスは産業革命前の学者であったけれども、リカードとマルサスは産業革命渦中の人、あるいは一応その完成をみた時代の人であった。第二に、フランス革命が政治的経済的に非常に大きな影響を島国であるイギリスにもたらした。たとえばナポレオンの大陸封鎖などがそうである。こういうこともスミスの経験にはなかった。こうして、スミスの自然調和観にひびが入り、破綻が生じてこなければならないいくつかの事情が、スミスの死後まもなくおとずれたのである。

リカードがいちばん関心をもったのは、ナポレオンの大陸封鎖によってイギリス国内の穀物価格が騰貴し、そのために産業資本家や労働者階級の人びとが大打撃を受けたということである。もちろん地主階級はこれによって利得するところが大きかった。地主は資本と労働の犠牲によって栄えるのではないのか。リカードはこういう見方から分配の不公平の思想を打ち出し、この思想にもとづいて彼の『政治経済学原理』(一八一七年)を書いたのである。だから、一国の富――それはスミスのいうとおり土地および労働の生産物である――がどのようにして社会の三大階級の間に分配されていくのか、その法則を明らかにすれば、だれが利得者であるかということがわかるはずである。その結果として、地代を受けとる地主は消費者である一般社会を犠牲として栄えるものであることが、スミスの経済理論を拡充して使うことによって理論的に証明された。とくに労働者階級は自由競争の結果として、ギリギリの線にまでその生活状態が押し下げられざるをえないことが証明された。いいかえれば、労働者階級の受けとる自然賃銀は最低生活費にまで押し下げられざるをえないのである。さらに機械がどしどし産業に用いられるようになると、労働者階級の将来はますます暗くなる。彼らは機械によって押しのけられ、やがて失業の憂目をみなければならぬ可能性さえある。リカードはだいたいこのような見方をしたのである。

ここで私は読者の注意をうながしたいことが二つある。一つは、リカードの関心が富を生産することから生産された富を分配することに向けられているということである。二つには、スミスのみえざる手はもはや手放しでバラ色の楽園を約束しなくなったということである。これはスミスが死んでから三十年そこそこの間に起った歴史の変化によるものなのである。

マルサスの立場はリカードとは正反対であった。穀物の価格が高いのは、食糧(生活資料)に比して人口が多すぎるからである。そうだとすれば、スミスの自然価格論によって当然食糧の価格が騰貴せざるをえないであろう。したがって社会の中のだれかが食えなくなるのはこれまた当然のなりゆきであるということになる。マルサスはこの見方を理論的に基礎づけるために、やはり『政治経済学原理』(一八二〇年)という書物を書いた。もちろんそれは地主の責任ではない。経済法則のせいであると彼はいう。この書物の底には、このような地主擁護の立場が貫かれていることは見のがせないと思う。マルサスのこういう考え方は、すでにいち早くあの有名な『人口論』(一七九八年)で説かれていた。この書物でマルサスがいいたかったことは非常に簡単明瞭な一つの自然的事実である。*それは生物界においては、生物はその食糧よりも早く増加する傾向をもっているということである。これを人間の世界におき直してみると、人口は食糧よりも早く増加する傾向をもっているという命題となる。これがマルサス人口論の骨子である。人が貧乏するのは天の配剤であり、事物自然のなりゆきである。社会に人口法則というものが厳として存在する以上、何人もこの法則の支配から免れることはできないのである。では人はどうしたらよいか。それは子供をたくさん生まないことである。貧乏の問題は社会の責任に帰すべき問題ではなく、自己の責任において解決されなければならないことがらなのである。

* ダーウィンはマルサスの『人口論』を読んでヒントをえたという話が伝わっている。ところが十九世紀末以後になると、こんどは逆にダーウィンの自然淘汰説を社会科学にもちこんで、さまざまの社会淘汰説をつくり上げる人が現われた。これはダーウィンの説をよく理解していないばかりでなく、社会理論としてもまちがっている。マルサスの人口法則が正しくないこともいうまでもない。

リカードやマルサスのいうところをきいた上で、もう一度スミスを見直してみたい。スミスは階級調和を信じていたであろうか。たしかに、前にも述べたとおりである。しかしながら『国富論』をそのつもりでよく読んでみると、スミスはこの両人以上に、階級間のギャップにたいして公平な傍観者の目を向けていることがわかるであろう。たとえば、地主は自ら蒔かないところに刈り入れを欲するものであって、利潤と賃銀をギリギリのところまで押し下げて残りを全部その手に収めようとするものだなどといっている。また資本家は労働者に比して団結しやすく、ややもすると秘密の協定や独占をつくりたがるものだ。このようにもいっている。富者がその財産を貧者の攻撃から守るために法や国家がつくられたのだというくだりを読むと、私たちは自由主義者スミスではなくて、社会主義者スミスが発言しているのではないかと、わが目をみはらざるをえないであろう。

地主や資本家にたいしてこのようにきびしい態度をとったスミスは、労働者にたいしては非常に温かい心情を吐露している。労働の自然賃銀は辛うじて労働者の生活を支えるにたるだけのものであってはならない。それ以上のものでなければならない。これがスミスの基本の見方であった。もちろんマルサスのいうように、賃銀が人口と食糧の関係によって自然必然的に決まるとは考えなかった。そういうことは生物界の法則であって、文明社会には当てはまらない。文明社会では、生活資料のほかに、その社会が上向きの状態にあるか、停滞状態にあるか、あるいは下向きの状態にあるかによって賃銀はさまざまでありうる。絶えず文明に向かっている社会では賃銀はいつでも最低線を上廻ることができる。いいかえれば、生産力が不断に発展している国(たとえば北アメリカ)においては高賃銀の経済が支配すると、スミスはこのように考えた。分業と私有財産と自由競争の社会への確信は、スミスにあっては、労働者階級へのヒューマニティ(人間愛)と結びついていたのである。

以上を要約してみるとこういうことになろう。スミスは市民社会を構成している三つの階級の間に、時と所によってはギャップやアンバランスが生じうることを認めていたけれども、大局的には階級調和の思想を堅持していた。調和の中の部分的な不調和を認めたにすぎないのである。これにたいしてリカードとマルサスは、スミスの自然調和の体系の中にもっと強く不調和の騒音をききとった。しかしそれにもかかわらず、その師スミスの調和の体系を根本的にぶちこわすまでにはいかなかった。調和の中の不調和——これがスミスの不調和観である。不調和の中の調和——これがリカードとマルサスの調和観である。後にジョン・ステュアート・ミルがこの二つの体系を一つの体系にまとめ上げるためにどんなに苦心惨憺をきわめたか。それは経済学史上の興味のある問題となっている。

以上(四章と五章)でだいたい『国富論』の最初の四編にたいする私たちのとり組み方を説明したので、次章では残る最後の第五編がとり上げられることになる。と同時に、以下の数章ではスミス批判の発展ということが主要なテーマとなるであろう。

六　先進国と後進国

1　近代化の闘士アダム・スミス

アダム・スミスという人はどんな人であったか。* これまでの叙述で、たぶん読者の脳裡におぼろげながら一つのイメージができ上ってきたことであろうと私は想像する。スミスという人は、世間一般に受けとられているように、あの紋切型の自由放任論者ではなかったことは、もはや一点の疑問をさしはさむ余地もないほど明瞭になったであろう。私は妙に自由放任という言葉にこだわりすぎるのではないか、そういう印象を読者諸君にもたせたかもしれない。放任という言葉の感じがまずいと私は思う。これは自由主義や個人主義をとりちがえさせるもとである。個人と社会の関係を正しく捉えることは、私たち日本人の場合には、頭で考えるほどそう簡単にできることではない。わが国にはまだ市民社会の生活感情というものが十分に根を下しているとは考えられないからである。

スミス記念貨幣

＊　スミスの人柄については書き残したことがたくさんある。そのうち彼の放心癖や独語癖は有名である。部屋着を着たまま外出したり、彼が思いを寄せたことのある女性の名前を忘れてしまったりなど、精神を集中する作業に従事する人にはありがちな奇行が伝えられている。スミスが終生独身で暮らさなければならなかったのも何かこれと関係があるのかもしれない。

わが国では個人や市民社会の代りに、家族や国家のほうが重きをなしてきた。少なくとも明治の初年から終戦にいたるまではそういう傾向が非常に強かった。ただ一部の知識人の間には、個人や社会を家族や国家から解放しようとする動きはあったけれども、これらの知識人にしても、頭と心とはなかなか一つにはならなかった。それもそのはず、頭のほうは先進国であるイギリス、フランス、ドイツのほうを向いていたけれども、心のほうは故国日本の土壌から離れ去ることはできなかったからである。終戦後になって、私たち日本人はたちまちのうちに家族や国家の支配から解放されてしまったようにみえたが、しかしあれから二十年以上もたった今日、もう一度自分自身の身の廻りをふり返ってみると、解放されたのは形の上だけであり、心の中にはまだ維新以来の古いものがもやもやとうごめいているといったありさまであることに気がつく。そして、日本の近代化の前途にはなお非常に多くの問題が残されていることに気がつくのである。私たちにとってアダム・スミスの意味はなおけっして失われていないというべきである。

もう一度同じ問題を出してみよう。アダム・スミスという人はどんな人であったか。これにたいして本書では答える。スミスという人はたんなる経済学者でもなければ、たんなる道徳哲学者でもない。またたんなる社会学者でもなければ文明批評家でもない。これらのすべてを打って一丸とした思想家であり、実に近代化のための闘士であったと。これがスミスの生きた全体像なのである。しからば近代化とは何か。近代化とは市民社会化のことだというのが本書の解答である。では市民社会とは何か。市民社会とは、道徳、政治、法、経済、教育などの自由で解放された体系(スミスのいわゆる自然的自由の体系)のことであり、その中でもとくにすぐれて経済的な体系である。ということは、この体系には経済以外のものは存在しないとか、経済以外のものはとるにたりないものだとか、そういったことを意味するのでは毛頭ない。市民社会はすぐれて法的な社会であるということもできるし、市民社会はすぐれて政治的な社会であるということもできるのである。また市民社会はすぐれて文化的な社会、文明社会だということもできるのである。ただそれにしても、近代市民社会においては、運動の源が経済から発するものだという事実をありのままに認めなければならない。商工業が発達したところでは政治も法も教育もすくすくと伸びていく。哲学も文学も芸術も希望にもえて前進する。商工業は文明の母であり、近代化の原動力である。これはアダム・スミスの言葉どおりではないけれども、近代化の闘士としてのアダム・スミスの根本思想を私なりにまとめてみると、ほぼこのようなことになるであろう。これがさしあたり私たちのスミスにたいするイメージなのである。

スミスは近代化の戸口に立って、前近代的なものと戦ったエリートの一人である。そういうものとして私たちは彼を評価し、彼からいまなお何を学びとることができるかについて考えなければならないことになる。たびたびいうように、スミスは十八世紀のイギリスを地盤として生き、戦い、考えた。十八世紀のイギリスは、ヨーロッパの他のどの国にも先がけて、すぐれて経済的な社会としての市民社会をその国土の上に打ち立てることに成功した。イギリスは、その先進国スペインやポルトガルのように、植民地を搾取しつくして元も子もなくするような愚かなことはしなかった。イギリスはまた、その先進国オランダのように、ただ中継貿易ばかりに依存して国内の生産力の育成を怠るようなことはしなかった。産業革命をまっ先にやりとげたのはほかならぬイギリスであったことは、現在ではだれでも知っている国民の常識なのである。国内に土着の産業をもつこと、近代化とは産業化 industrialization のことであり、もう少し限定していえば、近代化とは工業化のことである。このようにいうこともできるであろう。ここで産業化、工業化という言葉を使ったが、実はこういう言葉使いは正確ではない。しかしその点の説明は次章に出てくるはずであるから、しばらくあずかっておくことにしたい。

2 リストのスミス批判

さてイギリスがその先進国スペインやオランダと戦って近代化の第一人者となったように、こんどはイギリスを先進国としてその後を追っかける国ぐにが出現するのは自然の勢である。追うものは追われるものとなる。タイトルの所持者はつねに新手の挑戦を覚悟しなければならない。自由競争は国内で展開されるばかりでなく、国際的規模において展開される。そこから先進国にたいする後進国の立場というものが生まれてくる。こうしてわがアダム・スミスにたいしても、外から、つまり後進国の立場から批判や非難や模倣など、いろいろさまざまの対応のしかたが生まれてくることになる。いってみれば、追いつけ追いこせ運動が国際的に展開されてくるはずである。明治の日本人がスミスやミル、モンテスキューやルソーに対決するそのしかたは、まさにこういう種類のものであった。ここではこのことを念頭におきながら、わが国と国情がかなりよく似たところがあった十九世紀のドイツをとってみることにしよう。

かりに近代化とは産業化工業化のことだとしてみよう。この見方からすると、フランスはイギリスよりも近代化において二、三十年後れをとり、ドイツはフランスよりもさらに二、三十年の後れをとっていたといえるようである。この意味でドイツの近代化は十九世紀初頭にやっと始まったばかりだということがいえる。(ただし、思想や学問や文学や芸術の上ではすでに十八世紀半ば以後から近代化への息吹きはあったが、それはまだ観念の上での出来事でしかなかった。*) ドイツの経済学者フリードリッヒ・リスト(一七八九年—一八四六年)はこういう経済的な立ち遅れを背景としてアダム・スミス批判に立ち向かった。リストのスミス批判は、スミスの思想や理論の性格を間接的に浮き彫りにするばかりでなく、私たち日本人にとっても示唆するところが多いと思われるので、以下ごく簡単にその要点を検討してみることにしたい。

* たとえば文学においてはレッシング、ゲーテ、シラーなど、音楽においてはバッハ、モーツアルト、ベートーヴェンなど、そして哲学においてはカント、フィヒテ、ヘーゲルなどの名があげられる。これら精神の世界における英雄たちの出現は、物質の世界における近代化の立ち遅れを先取りするようなものであったが、そこから近代ドイツ文化の観念的な性質が生まれたといわれている。

リストのスミス批判はほぼ三つの点にまとめることができる。その第一は、スミスは個人あるを知って国家や国民という全体のあることを忘れている。もしこういう思想がドイツへ入ってきたとすれば、それはドイツの国家や国民を解体させずにはおかないであろう。スミスの思想はドイツ国民にとっては危険な思想であるといわなければならない。このようにリストは説くのである。

リストのスミス批判の第二点はこうである。スミスの思想は唯物論的である。スミスは富とは土地および労働の年々の生産物だというのであるが、これは富を物質的なものとみる見方であって、死んだ見方である。真の富とは、たんに物質的な富ではなくして精神的な富であると考えなければならない。科学の発達は富のもとではないか。民主主義の発達も富のもとではないのか。子弟を教育するのも富のもとではないのか。スミスにとって生産的とはなんであったか。スミスにとって生産的とは、まず何よりも物質を生産することであり、そしてより多くの交換価値(つまりより多くの利益)を手に入れることであった。スミスのこの理論に従うと、豚を飼うほうが子弟を教育するよりもより生産的だということにならざるをえないだろう。イギリス人はこういう唯物論的な思想で満足するかもしれない。しかしドイツ人はもっと高尚な精神の立場を求める。リストはこのように論じてスミスの唯物論を非難するのである。

第三に、スミスの立場は祖国をもたない世界主義者(コスモポリタン)の立場である。彼の思想には国民の土壌が欠けている。そのくせスミスは、国防は富裕よりも重要だとか、イギリスがその特権を守るためにポルトガルとの間にとり結んだメシュエン条約(一七〇三年)などをよいとり決めだといって賞讃している。これは明らかにスミスの自己矛盾ではないか。みせかけはコスモポリタニズム(世界主義)のようにみえるけれども、スミスの思想や理論はイギリス産業資本の輸出品であり、イギリス国民のドイツ国民への侵入のための思想と理論である。ドイツ人はイギリス人であるアダム・スミスの思想攻勢にたいして大いに警戒しなければならない。リストはこのようにいうのである。

みられるとおり、これら三つの批判は科学的な批判というよりはそれ以前の直観的な批判である。政策的実践的な批判といってもいいものである。私など、戦時中に軍部や右翼の指導者たちからこれとまるで瓜二つの批判が、自由主義や国際主義の思想にたいして投げつけられるのをよくきいたものだ。そこには正しくいって批判というようなものは存在しない。ただ存在するのは意欲であり直観である。だがリストのスミス批判にはとるべきものが多分に含まれているのであって、それをかつての日本のファシズムの指導者たちの暴言と同一視してはならないのである。リストは後進国ドイツの近代化の戸口に立って、ドイツの近代化のために戦った人であるからだ。リストはいわばドイツのスミスであった。私たちはリストのスミス批判を通してもっとよくスミスを理解することができるであろう。

3 国家の役割

さて、スミスが個人あるを知って国家や国民のあることを忘れていたという非難が当らないことは、すでに本書で明らかにしたことからも知られるであろう。スミスは国家の存在をけっして忘れていなかったことを、『国富論』の第五編を手がかりとして読者のためにもう一度説明しておきたいと思う。その前にまず第四編の序論にまでさかのぼってみると、「政治家または立法者の学の一部門としての政治経済学*は二つの別個の目的をたてているのであって、その第一は、人民に豊富な収入または生活資料を供給すること、……第二は、国家すなわち共同体に、公共の職務を遂行するのに十分な収入を供給することである」とスミスはこのようにその考えをまとめている。ここで読者の注意を促したい。国家 state と共同体 commonwealth は同じものだとして述べられていることである。といっても国家が共同体をそのうちに吸収してしまうのではなく、反対に、共同体が国家という権力機構を必要とするという考え方なのである。これはヒトラーやムッソリーニなどの全体主義国家観とはまるきり性質のちがう国家観である。国家の問題はとりも直さず共同体の問題でなければならず、それはとりも直さず人民全体の問題であるはずである。政治家や立法者はこの点に留意しなければならないというのがスミスのいわんとするところである。『国富論』の最初の四編では、いかにしたら人民に豊富な収入または生活資料を供給することができるかについて論じたので、第五編では、国家すなわち共同体に、公共の職務を遂行するのに十分な収入を供給するにはいかにすればよいかという問題を扱うことになる。簡単にいえば、スミスの国家観がこの第五編で一番はっきりとうかがえることになるわけである。

* スミスが政治と経済を不可分のものと考えていたことは前にみた。しかしスミスはその著書に『政治経済学原理』という名まえをつけなかった。これはすでにジェームズ・ステュアートの『政治経済学原理』(一七六七年)が出ていたからである。ステュアートはスコットランド人で、マーカンティリズム最後の代表的な学者であった。スミスは自由主義者として、同郷の先輩ステュアートに反撥するところがあったものと思われる。

スミスによると、一般の人民にはまかせておけない主権者の果すべき義務として三つのものが考えられる。その第一は国防の義務であり、第二は司法の義務であり、第三は公共土木事業および青少年の教育に関する義務である。ここで主権者とスミスがいうのは国家のことである。主権者が国家であるといっても、朕は国家であるとうそぶいた絶対専制君主ルイ十四世の思想とは正反対で、主権者は国家の代弁人であり、さらにいいかえれば、主権者は市民政府のシンボルにすぎないのである。そういう意味で国家は人民のために、人民にまかせておいては必ずしもうまくいくことを期待できない三つの大きな仕事を受けもたなければならないのである。(なおついでながら、人民 people という言葉は、市民とはちがって、権力機構にたいして使われる言葉である。)

主権者すなわち国家(あるいは政府)が受けもたなければならないこれらの三大事業は、ややもすると人が思いこみやすいように、そう簡単で容易な性質のものではない。そのためにはかなり巨額の経費が必要となるであろう。ことにスミスは、義勇兵制度の代りに国民軍の制度を推奨するのであって、この点も、彼が同郷の学者アダム・ファーガスン（第三章に出た）とはちがい、近代国家体制への道を一歩先んじたことを示すものである。だとすれば、国家経費の必要はますます増大するはずであろう。公共土木事業費や青少年のための教育費についても同じことがいえるのである。近代化とは国民軍の創設のことであり、公共土木事業制度の確立のことであり、さらに国民教育制度の施行のことであると、このように図式化していうことも不可能ではなかろう。どこの国でも、近代国家の体制を整えることに成功したところでは、このような歴史的事実がみられるのである。スミスが『国富論』の第五編でまず第一にとり上げようとした問題は、いかにすればこれらの近代化のための国家経費を、経済の自然法則に反することなく調達することができるかということであった。ここに経世家として、政治家および立法者への助言者としてのスミスの面目がうかがえるのである。

ここで私は、スミスの国家をさして夜警国家だとからかったり、あるいはスミスの政府をさして安価な政府 cheap government の見本だと解したりする人たちに反駁しておきたい。ドイツの国家主義的傾向をもった社会主義者のラッサールという人は、スミスの国家はまるで夜廻りをする番人みたいなものだ、それは夜警国家にすぎないといって嘲笑した。これは上からの近代化を強力におし進めなければならない後進国ドイツの姿勢を裏からいい表わしたものとしてはおもしろいとしても、スミスの本旨をまったく誤解したものだといわなければならない。ラッサールよりは年齢的に先輩であるリストにしても、この点ではまったく同じであって、彼もまた人民よりも国家を一段上とみたのであった。

つぎに安価な政府という点についてはどうかというと、これもまた必ずしもスミスの国家観や政府観を十分によく理解したものだとはいいえない。政府は安上りであればあるほどよい。このように考えるのが一般に自由主義者の見解だという通説がいまでも世間ふつうに行なわれている。十九世紀末から二十世紀初頭にかけてさまざまの形態の企業独占が現われるにつれ、国家が経済にたいして積極的に関与する傾向が年ごとに強くなり、一部には国家独占資本という言葉さえ使われるようになってきた。最近のこのような情勢からみると、たしかに自由主義者の国家は安上りの政府と結びつくものだといえそうである。スミスの思想をただ祖述し解説するだけの亜流の中には、そのように思いこんでいる人もあるであろうが、どんなに自由主義の黄金時代(たとえば十九世紀半ばごろの西ヨーロッパ)でも安上りな国家というものは存在しなかったといっていい。むしろ国家はいつの世でも浪費者であり、高くつくものなのである。戦争はもっとも不生産的な行為だとスミスはいい、そのための公債発行などはスミスのもっともきらった施策の一つである。にもかかわらず、スミスはけっして安価な政府を欲したのではない。スミスの著作のどこを探してみても、そういう言葉にお目にかかることはないのである。スミスの国家は、いまみたように、なかなかどうして、相当多くの仕事を受けもたされているのであって、国家機能の担当者は、そのために必要な経費を有効に調達し、能率的に使わなければならないのである。これがいわゆる安価な政府のほんとうの意味なのである。

このためにはできるだけ自由競争が要求される。今様にいえば、官僚統制やセクショナリズムは排撃されなければならない。スミス流にいえば、裁判所は相互に自由競争を建前とすべきだ。大学も互いに自由競争をやるべきだ。つまり裁判官は手数料の多少により、大学教授は聴講料の多少によってその能力と勤勉を測定するようにしむけておくのがよいということになる。もちろんいまの日本では行なわれえない提案だが、スミスの時流批判の一端を示すものとして非常に興味深いものがある。

4　国民の生産力とは何か

これで、リストのスミス批判の第一点に答えたことになると思う。そこで第二点についてはどうか。スミスはリストのいうように物質や交換価値のことばかり考えていたであろうか。スミスはそういう意味で軽蔑すべき唯物論者であったのであろうか。

唯物論者という言葉には二つの意味があることをまず注意しなければならない。一つは、人間や社会の成り立ちや動きを客観的に、いわば一つの自然物のようにみたてて研究していく人をさしていう。この意味ではすべて科学者というものは何よりもまず唯物論的でなければならない。社会科学者が自然科学者の方法や態度をモデルとしてはじめてその最初の体系をつくり上げたのは、彼らが唯物論者であったためである。私はさきにこういうことをいっておいた。唯物論者だというもう一つの意味は、だれかが拝物主義、拝金主義の輩だという非難の調子をこめていう場合である。スミスがそんな人間でなかったことはいまさら弁解するのもおとなげないほど明白なことだ。利己心の意義を認めたら、すぐその人はガリガリ亡者となるであろうか。そんなことはない。酒や煙草の害悪を説いただけで、その人は謹厳な禁酒・禁煙主義者とみなされてよいものであろうか。もしこの論理が通用するなら、宗教学者は信心深い坊主になるであろうし、刑法学の権威はそのまま悪徒の親分だとみなされていいであろう。

こういう浅薄な理解のしかたは往々にしてありがちである。十九世紀の終りごろになっても、ドイツではスミスが利己心の意義を認めたことを理由にしてスミスを非難する学者が現われたほどである。そういう学者の中には、スミスは『道徳感情論』においては立派な道徳論者であったのに、後年の『国富論』においては感心できない唯物論者となってしまった、こうしてスミスの思想体系には大きな分裂が生じたと説く学者がいた。これは一時アダム・スミス問題としてわが学界でもさわがれたことがある。しかしこの問題は、私が第三章で示したように、いまでは立派に解決ずみの問題となってしまったのである。

リストのスミス批判には一面このような浅いところもあるけれども、しかしリストがいいたかったことはもう少しほかのところにあった。それはスミスがただ物質的な富や交換価値のことばかり眼中においていて、そのようなものをつくり出す元であるところの生産力について深く考えなかったとリストはいいたいのである。富そのものよりは富を生産する力すなわち生産力のほうがより重要であり、さらにいえば、生産力の生産こそもっとも重要な問題点だといわなければならない。リスト理論のエッセンスはこの点につきるといえよう。

では生産力とは何か。リストによると、それはスミスのいうように、分業によって労働の能率を上げるというようなことだけではない。できた製品を高く売って利潤をかせぐというようなことだけでもない。もっとその奥にあるもの、もっとその基礎にあるものこそ真の意味での生産力なのである。たとえば、民主主義を一国に定着させるとか、青年の教育制度を確立するとか、あるいは合理的科学的な精神を涵養するとか等々である。あるいはまた、政治的経済的に分裂している国民を一つの統一された国民にまとめ上げることがまずもっとも望ましいことだといわなければならない。スミスのようにすでにでき上ってしまったものを目の前において分析しているだけでは十分でない。スミスが前提しているものをまずつくり出さなければならない。リストが国民生産力の理論と名づけたのはこのようなものであった。

読者もみられるとおり、ここにはなんと明瞭に先進国の後を追いかける後進国の学者の心意気が浮き彫りにされていることか。十九世紀前半のドイツは、経済的にみてイギリスやフランスに後れをとっていたばかりでなく、政治的には四十以上の小国に分かれていて、まだ統一政府というものが存在しなかった。そこへ先進国イギリスの低廉な商品が流れこんできた。ドイツの未熟な産業がそれと太刀打ちできるはずがない。リストがドイツ国民の政治的統一の必要を力強く説いたのはきわめて当然である。だがその主張を裏づけるためにリストがいい出した生産力の理論というものは、いったいどれほどの価値があるものなのであろうか。

まずリストがスミスに加えた非難を検討してみると、リストのいっていることはすべてスミスがすでに述べていることである。* リストの矢は的のないところへ放たれたというか、むしろ当りまえのことを述べたてたにすぎないというべきである。スミスもまた民主主義の定着を望み、国民教育の確立を望み、科学的精神の涵養を望んだ。おまけに国防は富裕よりも重要だといって、国民の自主独立が国民的繁栄への大前提であることを力説した。これらのことは先ほどから私が説明してきたところである。スミスとリストとの間に根本的なちがいがあるとはどうしても受けとれないのである。

* 哲学者ヘーゲルはその著『法の哲学』において、市民社会を欲望の体系と規定したが、スミスやリストにおいて

は、市民社会は生産力の体系であったことに注意してほしい。

ただ一つ重要なちがいがある。それは、スミスが生産力を何よりもまず労働の生産力として捉えたことである。「あらゆる国民の年々の労働は、その国民が年々に消費するいっさいの生活必需品および便益品を本源的に供給する資源である」と、スミスは『国富論』の序言をこのような言葉で始めている。これが彼の根本思想である。では労働とは何か。労働とは何よりもまず、人間が自然(土地)にたいして働きかける(エネルギーを投下する)ことから始まるものだ。だから土地および労働の年々の生産物(必需品、便益品)こそは、すべての富の基礎であり、このような生産物をつくり出す労働がもっとも本源的なものだということになる。ここでたいせつなことは、スミスが生産力というのは何よりもまず労働の生産力だということ、そして富とは何よりもまず必需品および便益品というような物質的な富だということである。これがスミスにとって第一義的に重要なのである。しかしスミスはそこで終っているのではない。いままたとおり、政治的、教育的、文化的、軍事的にみて、労働の生産力を高めるために近代的な国家や国民がぜひ考慮に入れなければならない諸施策のことを丹念に考察しているのである。『国富論』という書物は、たんに経済のことを論じただけの書物ではない。経済と政治、経済と法、経済と教育、経済と文化など非常に広い範囲にわたって論じた書物である。いってみれば、経済を中心としてみた一つの社会把握であり、文明批評である。ここに第五編を理解するための第二の問題点があるのである。

現代の経済学では、産業を分けて、一、第一次産業(農林業、漁業)二、第二次産業(工鉱業)三、第三次産業(流通業、サービス業など)の三つとするやり方がある。これとそっくり同じというわけではないが、私たちは生産力を、一、第一次的生産力(物質的富の生産)二、第二次的生産力(民主主義、教育制度などの開発)三、第三次的生産力(合理的科学的精神などの涵養)の三つに分けてみることができよう。ただ問題は、これらの三つの生産力を分けるとともに、他方その相互の関連をどのようにつかむかというところにあるであろう。リストはこれらのものをただ直観的に一つのものとみた。これにたいしてスミスは、一応狭い意味の生産力と広い意味の生産力とを分けてはいるが、まだ十分な区別をせず、したがってその相互の関連ということも十分にはとり上げなかったといっていいだろう。だがスミスはリストのいうように、国民生産力の立場を忘れていたのではない。スミスにとっての最後の問題は、いつでもイギリス国民の生産力を高めるにはいかにすればよいかということであった。そして生産力論は文明論の基礎であったといえるであろう。リストのスミス批判は私たちにこういうことを教えていると思う。

5　スミスとスコットランド歴史学派

文明の進歩発達ということは、生産力の進歩発達によってはじめて可能となる。文明化すること、civilize とは市民化するということであった。そして市民化するとは、すぐれて経済的となること、すなわち商工業が発達することであった。スミス文明論の基礎にこのような史観が横たわっていたことはすでに述べておいた。この史観はふつう一つの図式をもって示される。たとえば、人類の歴史は野蛮から文明へ、権威の原則が支配する社会状態から功利の原則が支配する社会状態へ、あるいは土地の私有と資本の蓄積がまだ行なわれていなかった社会からその両者が出現するようになった社会へ、というふうにである。簡単にいえば、この史観は歴史を大きく二つの時期に分け、前より後のほうが段階的に上位だとみる歴史観である。これがもっとも単純素朴な形態における段階説なのである。スミスもこういう段階説をもっていた。いまあげた例はみなスミス自身が使っている段階説的なものの見方なのである。

ついでながら、このように単純明快な二段階説はほかにいくらでも存在している。法学者メーンの身分から契約へ、社会学者テニエスのゲマインシャフトからゲゼルシャフトへ、哲学者ベルグソンの閉ざされた社会から開かれた社会へ等々、そのほか有名な二段階説が数えきれないほど存在している。これらの段階説は、いずれも歴史を未開から文明への進歩の過程として捉えようとするものであって、このような歴史の見方は一般に進歩史観と呼ばれている。そしてこの種の進歩史観は、古代から現代にいたるまでさまざまの国で現われているけれども、とくに十八世紀にはこの史観が大きな役割を演じた。十八世紀という世紀は啓蒙の世紀であった。自然的なもの、すなわち合理的なもの、理性的なものを求めて前進する世紀であった。この世紀には段階説のような歴史観がもっともふさわしいのである。

この二段階説をさらに細かく分けて、三段階説、四段階説、五段階説とすることはよく行なわれている。しかし基本の考え方は前に述べたところと変りはないのであるが、ただ個々の段階がもう少し細かく具体的になってくるというちがいがあるだけである。そこでスミスとリストの段階説をもう一歩立ち入って比較検討してみたいと思う。

スミスには一、狩猟　二、牧畜　三、農耕　四、商業という四段階説というか四つの民族の段階的な状態についての記述がある。たとえば軍事費を論ずる際には、一から四へと進むに従って軍事費の調達が国家にとって大きな仕事となってくる次第を述べている。明らかに段階説をふまえての発言である。そして最後の商業の段階というのは、スミスのいわゆる商業社会すなわち市民社会をさしており、ここでの商業は工業と結びついた商業、つまり分業と交換の社会のことであることも明らかである。

リストの発展段階説はスミスのそれよりもずっと有名であるが、実質からみてスミスのそれとほとんど変るところがない。それは一、狩猟 二、牧畜 三、農耕 四、農工並存 五、農工商並存という五段階説となっている。まるでスミスと符節を合せるようになっているところに注目したい。そしてスミスにとってもリストにとっても、最大の関心は最後の段階におかれているのであって、それ以前の段階はただ最後の段階と比較し、最後の段階を引きたたせるために利用しているといった感じが非常に強い。過去の歴史をこのようにある目的のために利用し、自分の理論の証明材料として使っていくという態度が啓蒙時代の歴史家の一つの特徴である。スミスにはこのような傾向がはっきり出ているように思う。(リストもやはりこの傾向を免れることはできなかったのである。)

そこで私たちにとって興味のある問題が起る。スミスにしろ、リストにしろ、なんのためにこのような段階説を申し合せたようにとらなければならなかったのかという問題である。リストの場合にはその目的は明らかである。第五の段階をイギリス国民が現に到達している文明の状態だとみて、それをドイツ国民の努力目標として大いにがんばろうという意欲を表わしている。ではスミスの場合はどうかというと、スミスにとっても最後の段階はやはり努力目標であることに変りはない。イギリスにおいて完全に自由な社会ができ上ることを望むのは、スミスにとってオシアナを望むに等しかった。リストのいうように、スミスはただでき上ったものを哲学者らしく静かに眺め分析しているのではなかった。けれどもスミスの母国イギリスとリストの母国ドイツとでは事情がいちじるしくちがっていた。リストは夜明け前の人間であったが、スミスはすでに近代化の夜明けを十分に知っていた。スミスの舞台は世界国民イギリス、世界の工場イギリス(ともにリストの言葉)であったが、リストにはそのような国際的舞台が恵まれなかった。ここからスミスとリストの大きな運命の岐路が分かれてきたのである。スミスは新しい時代のヒーローに、そしてリストはいたましい悲劇のヒーローに。* 同じ段階説がこのように大きくちがった役割を演ずることになったのも、先進国と後進国のちがいの現われであるにほかならなかったのである。

* リストのあらゆる努力にもかかわらず、彼の説はついに故国にいれられなかった。彼は五十七歳の若さで自らその生命を断たなければならなかった。

ところが、スミスとリストの比較談はこれで終るわけではない。イギリスの国内では、スコットランドはイングランドにたいして後進国であった。スミスの著作にも後進国の学者をしのばせるようなところがないわけではない。たとえば、スミスは一方では分業の利益を大いに説きながら、他方文明批評論をする段階になると、分業は人間を愚昧無智にするなどといってその不利益の面を指摘するのを忘れない(『国富論』第四編、第五編)。この点からいって農民が一番自由で全人的だという意味の言葉さえ吐いている。どこかルソーを思わせるようなところがありはしないか。スミスのこの批評態度には、近代文明を前方からみないで後方からみるところがあるように思われる。といっても、リストの態度ほどではない。リストはドイツ国民の後進性を強く意識して、ドイツ国民はイギリス国民とはちがうという特殊性の面を前面に出した。ドイツの歴史学派はこのようなドイツ文化の特殊性を強調するという共通性をもっている。リストもその意味でドイツ歴史学派の草分けの一人であったのである。最近になってスコットランド歴史学派ということがいわれるようになり、スミスはそのスコットランド歴史学派の一方の旗頭として、これまでとはややちがった視角から眺められるようになった。

そこでよく注意して読むと、スミスのスコットランド自慢が彼の著作のあちこちに顔を出していることに気がつくのである。たとえば、イングランド人に比べてスコットランド人が勇敢で尚武の精神に富んでいると説くあたり、まるでリストをはじめドイツの学者たちの精神主義に似かよったところがないでもない。そしてもっと興味深いことには、リストがその段階説をアメリカの現在から引き出したように、スミスはその段階説をスコットランドの現在から引き出したのである。後進国ではどこでも歴史の諸段階が同時存在として目の前にそのまま観察できるのである。二十世紀半ばのアフリカなどはその適例であって、ここでは古代の氏族制度から共産主義にいたるまでのすべての段階が同時化されて現われているのである。十八世紀のスコットランドにおいても、前近代から近代へいたるまでのいろいろの段階が目の前に存在していた。たとえば北部の高地と南部の低地との関係、それから合邦をとげた後のイングランドとスコットランドの関係、さらに新しい未来を約束するアメリカ植民地との通商関係など、私がスミスの時代と生涯を語ったところで記したことをもう一度思い起していただきたい。

要するに、スミスもまた一面では後進国の学者であった。追いつけ追いこせという気力がそこから生まれてくる。十八世紀のイングランドよりもスコットランドにおいて、学問や文化のエネルギーがほとばしり出たのはこのような理由によるものといってよかろう。スミスをはじめその友ヒューム、その同僚(ただしエディンバラ大学)ファーガスン、その弟子ミラーなどスコットランド歴史学派の大物がぞくぞくと頭角を表わしてきたのである。スミスはこのような時代と環境の中で、はじめて世界のスミスとなることができたということを知らなければならない。こうして私たちのスミス理解も、歴史の進行につれますます深まっていくのである。

以上、後方からのスミス批判を手がかりとしてスミスの現代的な意義を明らかにしようとした。つぎには前方からのスミス批判がとり上げられる。そのうちもっとも重要なものとしてマルクスとスミスというテーマが登場する。

七　体制の科学が生まれるまで

1　後方からと前方から

前章の終りで、私は、スミスを後方からみたのがリストであり、これにたいして前方からスミスをみたのがマルクスであると書いた。いったい後方からみる、あるいは前方からみるというのはどういうことなのであろうか。まずこの点を考えてみる。

スミスを後方からみるというのは、スミスがすでに到達している状態を努力目標として、一日も早くそれに追いつこうとする態度のことであった。スミスがすでに到達している状態というのは、近代化の幕がすでにきって落され、舞台ではさまざまの近代劇が演出されている状態のことである。そしてこういう舞台を背景にしてスミスの思想や理論がつくり上げられているのである。したがって、何よりもまずこのような舞台そのものを設定し、舞台設定のための理論が必要であるということになる。スミスのいったことや説いたことはそれから後の話であって、さしあたり役に立たないのみか、これを鵜呑みにするのはかえって危険であるということになる。これがリストのいわんとしたところであった。

これはリストがスミスを否定したことにはならない。反対に、スミスを先達としてあがめ、自らは後輩として大いに奮起したことになる。スミスを論難攻撃することに熱中しているようにみえるけれども、実はその反対であって、スミスに依存していることを問わず語りに告白しているようなものである。リストがアメリカでの経験から学びとったと称する段階説というものは、結局において、ドイツ国民がやがてイギリス国民の段階にまで追いつかなければならない国民的課題を背負わされていることを立証するためのものであったのである。それではリストは私たちのスミス理解にとって何もプラスをもたらさなかったかというと、必ずしもそうではない。後進国の目は、先進国の人たちが見逃していたものをはっきりとみることができることがありうるのである。先進国にとって自明のもの、当然のもの、自然的と思われるものでも、後進国にとっては必ずしもそうではない。これらのものは後進国にとっては新たにつくり出さなければならないものである。こういうところから、後進国が近代化へのスタートをきろうとするときには、いつでも国民的なものへの関心が高まってくるのが通例である。政治において、経済において、教育において、学問や芸術において、どこでもナショナルなものへの自覚が求められるようになる。こういう目でスミスを見直してみると、なるほどとうなずかれるところが一つや二つは出てくるものである。たとえば、一、スミスもまたナショナルなものをふまえていたにちがいないということ、二、スミスの分析しようとした市民社会というものは、実はリストのいうように、国民生産力の体系にほかならなかったということである。これをまとめていうと、スミスの問題は、国民生産力の体系を打ち立てるにはどうすればよいのかということにあったと、このようにいうことができるであろう。

それではスミスを前方からみるというのはどういうことなのか。この問いに答えることはなかなか容易でない。スミスの死後いろいろな形で、またいろいろな角度から、スミスの解説や批判や展開が行なわれたが、こういう仕事をした人はみな、スミスを一歩前進させたと自分では固く信じているに相違ない。しかもこういう仕事をした人の数はいちいち数えきれないほどである。少なくとも経済学、経済思想を中心にしてみればそうである。さらに社会学、社会思想、社会哲学の畑からみてもスミスの意義をまったく無視することはできないのである。それほどスミスはその体内に多くの問題の種を孕んでいたのである。そこから各人各様のスミス解釈が始まり、各人各様のスミス批判が展開されてくることになる。そういう意味でスミスは近代社会思想および近代社会科学の古典だといわれるのである。

しかしさまざまのスミス解釈のうち、どれがほんとうに前方からのスミス理解をしたものであるのか。それをきめるのはそれほどたやすいことではない。いま述べた人たちはみな、それぞれ自分こそはもっともよくスミスを把握し、それをさらに発展させていると心から信じているにちがいないからである。問題をかりに経済学だけに限ってみると、スミス以後の経済学の諸派は、みな、自分たちこそはスミスの『国富論』に埋蔵されていた真理の鉱脈を発見して、さらにそれを科学的な理論にまで磨き上げたものだと主張してやまない。これらの諸派の間には対立があり、ときには敵対感情さえ生じてくるようになると、大元のスミスそのものが大きく二つに分裂し、二つに分裂したものがさらにその中で再分裂するということになってしまう。こうして現代のスミス像というものがどうなっているのか容易に見当がつかなくなってしまう。スミス研究における専門化分業化の悲しき結末だといわなければならない。そこで私たちはもう一度スミスの全体像に立ち帰らなければならないのである。

スミスの全体像に立ち帰ってみるということからすれば、スミスの枠の中で動いている人たちはさしあたり問題の外に出る。リカードやマルサスのようなスミス批判者はこういう部類の中に入るであろう。つぎに、スミスが敷いた路線の延長線上で働いている人でも、その路線が敷かれている地盤そのものを問題としないような人たちもまた、スミスの全体像を与えてくれるものではない。スミスを前方からみるという人の中にはこういった部類の人が非常に多いのである。いや多すぎるといったほうがよいのである。しからばスミスを全体としてとり上げるというのはどういうことなのか。それはスミスの枠をこえ、スミスの敷いた路線をこえ、スミスが立っている地盤をこえてスミスをみることのできる目をもつということでなければならない。といって、スミスを捨ててしまったり、無視してしまったりするのではない。反対に、スミスの中に埋蔵されている数多くの鉱脈の価値を十分に評価できるのでなければならない。これがほんとうにスミスを前方からみるということなのである。私たちは樹ばかりをみて森をみないのもよくないが、森ばかりをみて樹をみないのもよろしくない。この両方の見方を統一することができた人として私はカール・マルクス(一八一八年—八三年)の名をあげたいと思う。『資本論』はこういう意味で『国富論』を前方からとり上げることができた最初の、そしてもっともすぐれた著作であった。なぜであろうか。

2　歴史の幕切れ

そこでまずスミスをこえるということの意味について考えてみることにしよう。何度もいうように、スミスの目標はイギリスにおいて自然的自由の体系をつくり出すことにあった。これはスミスにとっての努力目標である。そしてこの自然的自由の体系ができ上ってしまえば、後は永遠の調和と繁栄の世界が展開するはずである。いいかえると、市民社会の将来はバラ色である。自由競争はときに陽の当る場所と陽の当らない場所をつくり出すかもしれない。資本家と地主との間に、あるいは資本家と労働者の間に不和や抗争をもたらすかもしれない。しかしそれは一時的な現象であって、大筋においてはたいした事柄ではない。ちょうど市場価格がどんなに変動しても、自然価格を中心の軸として動くにすぎず、結局自然価格において安定するようなものである。これがスミスの考え方の基本であった。つまり市民社会というものは永遠に開かれた体系であり、人類はこの体系の中で無限に進歩することができるという一種の信仰がスミスの考えの基礎にあったことが知られる。啓蒙主義の立場から歴史の動きをみていた人は、スミスに限らず、だいたいこのような考え方をもっていたのである。

啓蒙主義の歴史観には歴史の幕切れというものがない。あるとすれば、前近代の幕切れがあるだけである。その後は歴史は直線的に進んでいく。いわば直線史観ともいうべきもので、スミスの段階説には多分にそういうところがあった。(リストの段階説もその点ではスミスと同じである。) しかしながら実際の歴史はそういうものではない。近代以前の歴史の舞台にもいくつかの幕切れがあったし、近代以後の歴史の舞台でも同様であるにちがいない。私たち人間はそれぞれが歴史の舞台に登場する役者 actor である。すなわち行為者である。主役ではないとしても、それぞれが何かの役を演じているわけであって、二、三の主役に導かれながら全体として歴史のドラマを演じていくのである。ドラマの筋書きは神さまが書いたのか、あるいは人間が書いたのか、それはどちらでもよい。クライマックスもなければ幕切れもないようなドラマは人間のドラマではない。私たち人間は、昼の活動の後には夜の休息を求める。幕切れのない舞台では主役も端役も疲れはててしまうに相違ない。これが人生の真の姿であり、歴史と社会の真実の動き方なのである。

歴史の幕切れの意識は、西ヨーロッパではすでに十九世紀の半ば以前に現われてきた。哲学者ヘーゲルの中にも文明のたそがれという意識があった。宗教者キェルケゴールにはこの幕切れの意識がきっぱりと感じられた。キェルケゴールとまったく同じ時期に、青年マルクスがこの幕切れを鋭くみてとった。そして十九世紀の終りになると、あの気ちがいじみたニーチェがこの幕切れ史観に大胆な色揚げをほどこした後で、二十世紀になると、シュペングラー(『西欧の没落』)やトインビー(『歴史の教訓』)などがこれに続いた。私たちにもっともよく知られている思想家の名まえをあげてみるとすれば、まずざっとこんなところであろう。これらの思想家たちは、いずれも、近代化のゆく手を見定めることができた人たちである。市民社会文明の限界を見ぬいて、それをこえようとする人たちばかりであった。これらの人たちが近代の思想家として偉大であるのはこのような理由によるものと私は考える。

これらの卓越した思想家の中で、マルクスだけが特殊な地位を占めているように思う。それはマルクスが私のいわゆる幕切れ史観を社会科学と結びつけ、社会科学でもってこの史観を補強しようとしたことである。こういういい方をすると大変むずかしくきこえるかもしれない。

私がいいたいのは、これらの人たちのうちでただマルクスだけが社会科学者だったということなのである。ただマルクスだけが、近代社会科学の生みの親であるスミスと真正面からとり組むことができた。だから、ただマルクスだけがスミスを前方からみることができたと私はいいうると思う。スミスを論ずるならマルクスを知らなければならず、逆に、マルクスを知ろうとするならスミスを学ばなければならない。こういうことにならざるをえないのである。『国富論』と『資本論』との間には切っても切れないつながりがあることをまずいっておきたいのである。

それでは社会科学の畑からみて、近代化の限界を見定め、市民社会の限界をこえる見方というのは何であろうかというと、それは私たちが日ごろ使いなれている体制という概念だと私は答えたい。資本主義体制か社会主義体制か。あの人の立場は体制側であるのか、それとも反体制側であるのか、こんないい方を戦後になってよく耳にするし、私たちも無意識にそんな言葉を使っているようである。無意識に使ってはいても、この体制という言葉がマルクスの思想や科学とどんな関係があるのかということについては、ほとんど何も知らないでいる場合が少なくないのである。

体制(正確には社会体制)というものは、まず第一に歴史の流れをいくつかの時期に分けてみるという見方から生まれる。ふつう歴史は古代、中世、近代というように分けられる。しかしこれだけではまだ体制という思想は生まれてこない。ある歴史上の時期が一つの体制をなすといわれるためには、その時期が一つの原理原則によって貫かれており、全体として一つのまとまり(システム)をもっていると考えられるのでなければならない。この原理のことを体制原理と呼んでおこう。古代、中世、近代という分け方ではどうもその点がまだはっきりしないのである。またスミスやリストのように、狩猟、牧畜、農業……というように分けてみても、その点ではたいした進歩はみられない。ただどんな産業の種類が支配的であるかということで分けているだけであって、それぞれの段階で人びとの社会生活を基本的に規制する働きをもっている原理原則は何であるかということがまだ明確になっていない。だから段階はここでいうところの体制ではない。ところが、封建体制、資本主義体制、社会主義体制ということになると事情が一変する。三つの時期はそれぞれまったくちがった体制原理をもとにして動いており、したがって、三つの時期は歴史の流れとして、それぞれつながりながらもそれぞれ別個のまとまりをもっているものとして区別されることになるのである。これを社会体制といったり、人によっては社会構成といったりしている。

つまり体制概念は、歴史の流れを大きないくつかの舞台のつながりとみるものである。この舞台にはそれぞれ数多くのシーンが展開されるであろう。しかし結局は幕が下りなければならない。それはつぎの幕明けを待つためであるが、しかしそれはそれで立派にまとまった歴史劇の大舞台なのであって、ただつぎの舞台の下ごしらえをしたというようなものではない。それぞれ独自の存在理由をもっているのである。こういう見方は段階説では十分に出てこない歴史主義*の見方である。段階説は啓蒙主義の思想から生まれたものだということをさきに述べておいた。これにたいして体制概念は歴史主義の見方から生まれてくる。封建体制、資本主義体制、社会主義体制はそれぞれ人間の歴史的社会的なまとまりとしては独自のものである。こういう見方は歴史主義の見方から生まれるものなのである。しかしながら、歴史は封建体制から資本主義体制へ、資本主義体制から社会主義体制へと進歩発展するものだという見方をとるとすれば、この後の見方は、読者諸君もすぐ気がつかれるように、段階説的な見方である。マルクスの説には実はこの両面があるというか、この両面を結びつけ、統一しようとしたところにマルクスの見方の特色があるといいうるのである。リストはスミスをただ後方から眺めていたが、マルクスはスミスを前と後の両方向から眺めることができたのである。

* 歴史主義の見方は主として十九世紀のドイツで行なわれた。「それぞれの時代は直接神に通ずる」といった歴史学者ランケの言葉は、歴史主義の見方を簡潔にいい表わしている。時代という言葉の代りに体制という言葉をおきかえてみればよい。体制は開かれたシステムではなくて閉ざされたシステムなのである。

3　資本主義体制とは？

そこで資本主義体制とは何かという問題をとり上げる順序となる。マルクスは資本主義体制の分析に当ってスミスから何を学び、スミスをどのように発展させていったかという問題が提起されることになる。この問題は、日本の社会科学者の間で非常に熱心に研究されていて、それについての著書や論文も数えきれないほどたくさん出ている。とくにマルクス経済学の流れに属する学者たちの間でこの傾向が目立っている。本書ではこういう専門的な研究の中身へあまり立入ることは避けたいと思う。ただ、スミスとマルクスというテーマが日本の社会科学者の間でどんなに大きな意義をもっているか、その点についてだけは述べておきたい。

しかしその問題に入る前に、あらかじめ読者の中から起るかもしれない一つの疑問にお答えしておきたいと思う。それは、マルクスはいったいどこで資本主義体制という用語を使っているのか、ということである。まことにもっともな疑問であると思う。マルクスは『資本論』の中で(たとえば第一巻第二十四章)資本主義体制という言葉を使ってはいるが、それほど頻繁にこの言葉は彼の著書に出てこない。資本主義という用語もマルクスの著作には見当らない。一八五九年の『経済学批判』や一八六七年の『資本論』においては、資本主義というべきところで、マルクスは資本主義的生産様式という言葉を使っている。してみると、まだマルクス以前には資本主義という言葉もなかったか、あるいはあってもほとんど使われていなかったと思われるのである。そしてマルクスが、この二つの著作の中で資本主義的生産様式の分析を行ない、とくに資本というものの重要さに人びとの注意を喚起するようになってから、この資本主義という言葉がしだいに学界に根を下してきたように思われるのである。

近代市民社会というものは、経済が軸となって動いている社会であった。近代化とは産業化のことであるということもできると私はいっておいた。しかしこの経済を動かし、産業を動かしていくものは何か。スミスにいわせるなら、それは利己心とか交換本能とかに導かれて活動する市民であり、商工業者であり、企業者である。マルクスにいわせるなら、近代の経済と産業を真に背負って立つものは資本であり、資本の人格的な表現としての資本家だということになる。もちろんスミスにしても、資本のこのような役割は知らないわけではなかった。スミスは『国富論』の第二編で資本の生産と再生産についていろいろの分析をやっているのである。しかし資本が近代市民社会の軸であり、担い手であり、舞台の主人公であるという徹底した見方はスミスにはまだ十分でなかった。これはマルクスによってはじめていい出されたことである。資本はこの社会では主体である。資本はそれ自身一つのロゴスをもって動いている。資本の持主である資本家は、自分の意識の上では自分が主体であり、自分が資本の主人公であると思っているかもしれないけれども、真実の姿はその反対である。資本家は資本に使われているのであり、資本が某々資本家という人間の姿をとって現われているにすぎないのである。マルクスが、資本家は資本の人格化にすぎないというのはこういう意味である。スミスもマルクスも同じものをみているのだけれども、見方に格段のちがいがあることがわかるであろう。

資本主義という言葉はこのような思想から生まれてくるのである。資本が中心となって動く社会、これが資本主義社会である。いいかえれば、資本の支配する社会体制が資本主義体制なのである。資本の生命はどこにあるかといえば、いうまでもなく利潤追求ということである。これが資本主義の体制原理である。したがってこの社会では、すべての人間が資本の運動に巻きこまれ、資本のメカニズムにはめこまれて生きなければならない。ただの市民というものはもはや存在しないともいえる。すべての市民は、直接にか間接にか、資本の運動とメカニズムに結びついて、はじめてその物質的ならびに文化的生活を維持することができるようになっている。このように考えてくると、マルクスの思想とスミスの思想との間には格段のちがいがありながら、他方非常によく似かよったところがあることがわかるであろう。似かよったところというのは、資本主義社会というものも要するに一つのメカニズムだという思想である。スミスは市民社会を時計になぞらえて説明してくれた。スミスにとって経済の世界は一つの自然であった。この点はマルクスもスミスと同じであって、資本の運動法則はいわば社会的な自然法則だというのがマルクスの見方なのである。経済学は市民社会の解剖の学だと私はさきに述べておいたが、この意味では、『資本論』は『国富論』と同じ路線上を前進したものとみるべきである。

『資本論』が出てから資本主義、資本主義体制という言葉がだんだんと使われるようになってきた。[*]この言葉をひろめるのにあずかってもっとも大きな力があったのは、ホブソンの『近代資本主義の発展』(一八九四年)とゾムバルトの『近代資本主義』(一九〇二—二七年)という書物であろう。ゾムバルトという学者は、ドイツの大学教授の中では、めずらしくマルクスから多くの影響を受けた人であった。これにたいしてマックス・ウェーバーがマルクス批判者として数多くの著書や論文を書き、現代日本の社会科学者たちに甚大な影響を与えていることはいまさらいうまでもない。マルクスかウェーバーか。あるいは、マルクスとウェーバー。このような合言葉でマルクス＝ウェーバー問題は今後もずっと私たちの問題として残るであろう。ところがこのウェーバーにしても、資本主義という言葉を学界に定着させるのに、ゾムバルトとともにかなりの力があったと思う。彼の『プロテスタンティズムの倫理と資本主義の精神』(一九〇四—五年)はわが国ではゾムバルトの『近代資本主義』と同様に有名である。

* マルクス自身も、『資本論』が出てからしばらく後に、ロシアのあるジャーナリストあての手紙の中で資本主義という言葉を使っている。

社会主義という言葉は、すでに一八三〇年代にイギリスとフランスで現われ、四〇年代になるとかなりしばしば使われるようになったといわれている。ところが資本主義という言葉が、やっとそれから半世紀近くもたって使われだしたというのは、なんとも奇妙な感じがするではないか。その理由は私にもよくわからないけれども、一般の学者は、資本主義の代りに自由主義という言葉を使い、資本主義社会を敬遠して、経済社会、産業社会という言葉を使いたがる傾向がある。この事実に照らして想像してみるのに、資本主義という概念には資本の支配という中身がそのままにずばりと出ているので、それが敬遠されるもととなっているのではあるまいか。経済社会、産業社会のほうが、その点をぼかすのに好都合であることはだれの目にも明らかであろう。資本主義体制という概念は、同じ理由により、ますます多くの人から敬遠されざるをえないであろう。それは歴史の幕切れを暗示し、閉ざされたシステムを意識させるにちがいないからである。スミスはすべての社会科学者から共同の師父として敬愛される。ところがスミスをふまえ、市民社会の科学を資本主義体制の科学にまでもり上げていったマルクスは、多くの人びとから忌み嫌われ、敬遠されてしまうのである。中国の昔の詩の一節にいう。豆と萁(まめがら)はもとは同根から生じたものだ。それなのに豆は萁に焚かれて釜の中で熱い熱いと悲鳴をあげていると。まさに現代日本の社会科学者たちにぴったりではなかろうか。体制概念から生まれたパトスのせいである。

4　価値法則の意味するもの

そこでもう少しマルクスの資本分析について考えてみよう。スミスによっては、資本というものはまだ必ずしも十分に明らかにされなかった。資本は一定の貨幣額であったり、土地や機械であったり、貯蔵された商品であったりした。ときには人間の才能までが資本だと考えられた。このような資本の見方は混乱していて、まだ十分整理されていないうらみが多い。ことに人間の才能までが資本の中に加えられることになると、資本概念は収拾できないほど混乱してしまう。私は自分の子供に大学教育を受けさせることによって莫大な投資をしたのであるから、子供は利潤を生み、資本を回収してくれるのでなければならないと、よくそんな言葉を耳にすることがある。スミスはさすがにこのような俗論を吐くようなことはなかったが、しかし資本が利潤を生むのは自然であり、当然のことだと思っていた。なぜなら、スミスによると、もし資本を投じて少なくともふつうの利潤がえられないとすれば、だれがすき好んでたいせつな資本をあえて投資の危険にさらすであろうかと考えられるからである。* スミスはこのふつうの利潤のことを自然利潤と呼んだことも、ついでながらつけ加えていっておこう。

＊　スミスの説明は同義反復であって、これでは説明になっていない。

マルクスはスミスの資本概念を整理し、理論的に筋の通ったものにした。それからもう一つ、マルクスはスミスにとって自明のものと思われた利潤の本質を解明しようとした。この二点が、スミスにたいするマルクスの一歩前進したところだといえるであろう。まず第一の点であるが、マルクスは、資本というものは人が生産においてとり結ぶ関係すなわち生産関係だとみた。資本はときには貨幣の形をとったり、ときには工場や機械や原料の形をとったりするであろう。また、ときには完成商品の形をとるであろう。これは、だれかが企業を実際に始めて、ものを作り、それを商品として販売し、利潤をえてふたたび企業活動を開始するありさまを思い浮かべてみればだれの目にも明らかなことである。このことからわかるように、資本というものは絶えずその形を変えるものであり、絶えず形を変えることによって目ざすところの利潤がえられるものである。いいかえると、資本は貨幣でもあり、工場や機械や原料でもあり、商品でもありうると同時に、そのいずれでもないということになる。マルクスはこのような資本の形態変化を資本の循環*と名づけた。資本は、貨幣資本──→生産資本──→商品資本──→貨幣資本というふうに、不断に循環する。しかし資本そのものはその形態とは別ものであって、人が生産においてとり結ぶある特定の関係だとマルクスは考えたのである。

＊　マルクスはこの思想をスミスよりはケネーの『経済表』から学んだ。資本の運動の分析においては、ケネーのほうがスミスよりも一歩進んでいた。

それではこの特定の関係とは何か。この問いに答えることは、とりも直さず第二の点としていま出しておいた利潤の本質は何かという問題に答えることになる。だれでも知っているように、マルクスにとって利潤は労働力の搾取である。労働者はその労働力を商品として売る以外に生活できないようになっているのが、資本主義社会の基本関係である。しかし労働力という商品は他の商品とちがって生きものであるから、実際に受けとった対価以上のものを生産することができる。すなわち支払われた価値以上の価値を相手方に手渡すことができる。マルクスはこれを剰余価値と名づけたことはだれでもよく知っている。利潤の本質は剰余価値である。資本主義的生産様式の本質がここにある。資本のロゴスというのは、この剰余価値を求めて不断に生産と再生産を続け、一刻も止むことを知らない資本の運動法則のことである。

これ以上ここで『資本論』の中身を解説する必要はあるまい。ただ私としては、スミスとの関係で二つのことだけをいっておきたいと思う。その一つは、労働力が商品化されるということはどういうことかということである。それは働く以外何もすべがない階級がこの社会に存在するということを意味する。これはマルクスにいたってはじめて認識されたことではなく、スミスももちろんそういう事実を認めていた。市民社会は、スミスにとって、資本家と地主と労働者の三つの基本階級からできている階級社会であった。しかしスミスが労働者といってもまだマルクスの考えているような厳しいものではなかった。スミスの労働者は、まだ半分家内労働者的で、半分工場労働者的なものであった。それはせいぜいマニュファクチャー(工場制手工業)的なものであって、いわばゆとりのあるものであった。ところがマルクスの労働者はプロレタリアであった。それは産業革命と機械制大工業の渦の中に投げ出され、その中で生きるための血みどろの戦いを続けている近代的な労働者であったのだ。

その二は、資本が剰余価値を求めて自己運動するというのはどういうことかということである。それには剰余価値とは何かということをさらに進んで研究しなければならないし、そのためにはさらに、そもそも価値とは何かというところまで掘り下げて研究しなければならないことになる。マルクスは剰余価値の法則の基礎に価値法則があることを知り、それを手がかりとして資本主義体制のメカニズムを分析した。しかしマルクスがこのような仕事をなしとげることができたのは、すでにスミスが価値法則というものについてきわめて重要な発言をしており、それを批判的に受けついでリカードが立派な理論体系をつくり上げることに成功していたためである。ここに私たちは、スミス——リカード——マルクスの線を引くことができるのである。

土地と労働の年々の生産物は一国の富の総体を形成する。これがスミスの根本思想であった。問題は、これらの労働生産物の交換を規制する法則は何かということであろう。これにたいしてスミスは、等量の労働(生産物)は等量の労働(生産物)と交換されなければならないというのである。なぜなら、すべての市民は本来自由で平等でなければならないはずだからである。もし自由競争が完全に行なわれるなら必ずそのような結果が生まれるであろうし、またそれが同時に正義の法にもかなうことになる。スミスはこのように考えた。これが価値法則といわれるものの本質的な内容であって、ときにこれを等価交換の法則と呼ぶこともある。

リカードもマルクスもこの考えから出発した。リカードはこの考えにもとづいて、地主が受けとる地代というものが地主自身の労働となんの関係もないことを証明しようとした。マルクスはさらにリカードを受けついで、地代は不労所得であるばかりでなく、利潤もまた不労所得であることを証明しようとしたのである。このように価値が労働によってつくられ、労働量によって規制されるという説を、私たちは労働価値論と呼んでいるが、マルクスはこの労働価値論をぎりぎりのところまでおし進めていった。*

* マルクスの体系が成り立つか、それとも崩壊するかは、一にかかって労働価値論の正否にあるといっても過言でない。マルクス批判の矢がこの点に集中するのはこのような事情にもとづくのである。

以上二点について述べたことを一言で要約すると、資本の自己運動を支えているものは結局のところ価値法則だということになるであろう。それはスミス流にいえば、みえざる手の働きであり、私たちの言葉でいえば、それは資本主義体制の根本法則すなわち資本主義の体制法則なのである。封建体制はいうまでもなく、社会主義体制においても、価値法則が全面的に人びとを支配するということはない。そういう意味で価値法則は資本主義の体制法則だといいうるのである。哲学者はばらばらになってみえるものを結合することができるものであると、スミスは『哲学論集』の中で述べている。この意味でマルクスもまたスミスと同一線上において哲学者であった。

5　近代化の再認識

さて話がここまでくると、私たちは近代化とは何かということについて認識を新たにすることができるようになったと思う。近代化という言葉は、その中身があまりに複雑で、概念としてはすこぶる不明確なところがあるのを免れない。私はスミスを手がかりとして、近代化とは市民社会化であると規定しておいた。その意味で、スミスは近代化の闘士であるとして理解した。この理解にまちがいはないと思う。しかしながら市民社会化とは何か。それは何よりもまず産業化、工業化のことであり、民主化のことであり、国民教育制度の確立のことであり、合理的科学的精神の涵養のことであり、常備軍の設置のことであり、最後にこれらのものをひっくるめて、近代化とは国民国家の樹立のことである。これが近代化について私たちがスミスから学ぶことができた認識のあらましである。

しかしこの認識は、マルクスを通過することによって新たな光が与えられるようになる。それはどういうことかというと、第一には、市民社会の担い手はたんなる市民というようなものではなくて資本だということである。資本を産業に投じて生産力の開発に立ち向かった産業資本家だということになる。少しむずかしいいい方になるかもしれないけれども、近代化の主体は産業資本家であったということが、いまやはっきりと理解されなければならないのである。絶対主義の堅い壁を打ち破って、自由でのびのびした市民社会をつくり上げたのは、この産業資本家のエネルギーであった。外国貿易を手がかりとして貨幣資本を蓄積し*、それを元手として国内生産力の開発に積極的に立ち向かう前向きの生活態度をとったのも産業資本家であった。またこれとは別に、十七、八世紀のイギリスでは、独立自営農民の中から新しい型の産業資本家が出現した。これによってイギリスでは、近代化への道がヨーロッパのどの国よりも早く開かれることになった。スミスの思想や提言はまさにこのような新興階級のエトスを代弁していたものだということがわかるであろう。

* 貨幣資本を蓄積するという意味では、マーカンティリズムも時と場合によっては前向きの役割を果すことがありえた。スミスにはこの点の認識が十分でなかった。絶対主義というものはいつでも後向きのものであったのではない。近代市民社会や近代国民国家への道がその胎内においてしだいに準備されていたのである。

第二に、市民社会というものは自由と平等を建前としている社会ではあるけれども、しかしこの社会が生まれるためには、それに先行して血みどろの戦いがくりひろげられたという認識が重要である。封建体制というものは、地主としての領主や貴族や僧侶が支配する体制である。一言でいえば、封建体制とは土地所有の支配が行なわれている体制である。この支配を打倒して、いわゆる自由で平等な市民社会を打ち立てるエネルギーは、第三階級としての産業資本家階級のエネルギー以外にはありえない。そしてこのエネルギーが同時に近代国民国家を形成するエネルギーであったことが知られる。資本主義の成立と近代国民国家の成立とは、切っても切れない関係にあることがこれでよくわかると思う。それはメダルの表と裏のようなものなのである。アダム・スミスは必ずしも十分にではないとしても、この点を直覚的に把握していたのである。スミスが近代化の闘士とみられなければならない理由がここにあるというべきであろう。

第三に、これはスミスにはまだよく認識されていなかったことではあるが、自由と平等とは必ずしも両立しないというか、本来一つの矛盾を孕んでいるということである。これはマルクスの分析によって一点の疑いをいれないまでに明瞭となった。もともと資本主義そのものが成立するためには、一方では資本を所有し、他方では労働力以外に何ももっていないという、二つのちがった階級が存在しなければならないという前提が必要であった。だから資本主義社会というものは、はじめから財産の不平等を前提していたわけで、スミスのいわゆる自由競争は、いわばスタート・ラインを同じくしないマラソン競走のようなものであった。そして資本の運動がこのハンディキャップをますます大きくする。市民社会という発想は、ややもすると、この一番たいせつな資本主義社会の泣きどころをぼかしてしまう危険がある。

市民社会という発想は、十八世紀においては大きな革新的な働きをした。しかし十九世紀から二十世紀にかけてはどうか。この問いにたいする答えは二重であると思う。どこの国でも、まだ古いもの、前近代的なものが残存しているかぎり、市民社会への戦いは必要であり、必然である。しかしながら、すでに私たちがみたように、市民社会の将来は永遠にバラ色ではなく、市民社会の現実は閉ざされた体系にすぎないことがわかった。このことは十九世紀の初め以来、すぐれた思想家や社会科学者たちによってくり返しくり返し立証されてきた。キェルケゴールやニーチェのことはしばらく後廻しとしよう。こういう人たちは人間を非合理的な存在とみていて、啓蒙主義、合理主義の思想とは真正面から対立するのである。マルクスはそうではない。マルクスは啓蒙主義の路線をふまえ、これと歴史主義の思想とを結びつけることによって、近代化の限界をのりこえる道を発見することができたのである。

『国富論』と『資本論』を比較するに当って、最後にもう一ついっておきたいことがある。それは、『国富論』には動きの論理がないのに、『資本論』は動きの論理を軸として組み立てられているということである。つまり矛盾とその展開の論理が『資本論』の論理であったのである。これがスミスの思想とマルクスの思想の基本的なちがいであった。スミスには生産力と生産関係の矛盾*という思想は存在しなかった。これはスミスの社会調和観からして当然のことだといわなければならないであろう。これに反して、歴史は生産力と生産関係の適合――→矛盾――→その克服という動態的発展的な形において捉えられるとしたのがマルクスであった。ここにスミスの啓蒙史観とマルクスの唯物史観との決定的なちがいが見出されるのである。

* さきに、スミスの生産的労働には二つの矛盾した意味があることを指摘しておいた。マルクスの考えは、スミスのこの問題をめぐって起った論争史の総決算として生まれたものである。

このように大きなちがいがあるにもかかわらず、マルクスはやはりスミスから学び、スミスの遺産を受けついでいるものであることを見落してはならないと思う。それは生産力という視点である。市民社会が生産力の体系として把握されたということである。これはなんといってもスミスの不朽の功績だといわなければなるまい。この点へーゲルが市民社会を欲望の体系としてしかつかみえなかったことと比較してみていただきたい。スミスのほうがいかによく近代社会のエトスとロゴスになじんでいたかが理解されるであろう。ただへーゲルは、スミスがまだ見抜くことができなかった市民社会の暗い面(たとえば労資の階級対立)を洞察していた。しかしへーゲルはこの矛盾を国家の手によって解消しようとしたのである。私たちがすでに知ったように、このへーゲルの考え方はスミスの国家観を顚倒し、後向きにするものだというべきである。マルクスは逆立ちしたヘーゲルを再びひっくり返し、それをスミスの線上において前進させたのであった。

以上スミスとマルクスとの関係を通してスミス理解を深めようと努めてきた。しかしながら、スミスを師父として仰ぐものは、マルクスとその学派だけではない。スミスはその後の諸学派の共通の古典であることは、これまでたびたび述べてきたところである。つぎに、マルクス学派をも含めてこれらの諸派のスミス解釈について考察することにしよう。

八　スミスにおける古典と現代

1　古典を生かすもの

古典はそれ自体として永遠の価値をもっている。古典を生かすものは古典そのものであって、何かそれをこえたあるものではない。なぜなら、何百年あるいは何千年という歴史の試煉にたえぬいて、なおかつ不滅の光を放っているものが古典にほかならないからである。このようにみるのが古典にたいする私たちの第一の見方である。

これにたいして私たちはもう一つの見方をもつことも可能である。たとえ古典はそれ自体としてどんなに不滅の価値があろうとも、古典はそのままでは私たちのものではない。それは三百年前、五百年前、一千年前の人類の遺産であって、すでに過去のものである。それがそのままの形で現代に通用するはずはありえない。古典を生かすものは現代であり、私たち自身である。これが古典にたいする第二の見方である。

古典にたいする第一の見方と第二の見方と、どちらがほんとうの見方であるのか、それを論ずるのはもはや無用のことであろう。答えはきわめて簡単明白であるからだ。両説ともに真理の一面を捉えているけれども、単独では十分でない。二つの見方の間にはいつでも往復運動が行なわれるのでなければならないことはいうまでもないのである。古典はそれがつくられた時期においてはまだ古典ではなかった。古典はそれぞれその現代をもっているわけである。だから、私たちは何よりもまず、古典をその現代において把握し会得しなければならない。古典をその現代において把握し会得するというのは、古典の精神と方法を知ることである。また作者の気がまえと意図を知ることである。これを一言でいえば、古典の底に流れている思想と作者の方法態度を味得することである。その内容や個々の記述ももちろん軽視してはいけないけれども、それよりももっとたいせつなことは、古典の精神と作者の方法態度なのである。私たちはそこに、時代の動向を深く読みとって新しい文化と社会を創造せんとする偉大な人間の生活態度をみることができる。そしてこれがとりも直さず私たちの現代に通ずることになるのである。

これは古典から現代へ下りてくる道であるが、現代から古典へ遡っていくもう一つの道も忘れてはならない。私たちは現代に生きていろいろの問題との対決の中から、古典の価値をいくらでも発掘し再認識することができる。叩けよ、しからば開かれん。それが古典なのである。

そのためにはまず私たち自身が問題をもつことが必要である。もっとも大きな問題をもっている人は、もっともよく古典の価値を発見できる人だ。このようにいうこともできるであろう。

これを『国富論』についていうなら、人が『国富論』をどのように理解し、そこから何をとり出したかということによって、その人の思想や方法の性格なり水準なりが露呈されるというわけである。私たちはスミスをどのようにみたかということによって、現代社会科学者としての私たちの力量のほどが示されるということになるであろう。日本のある経済学者*が、青年に教えて、諸君は世界最大の学者の最良の書を読めといった。これは古典にたいする私たちの心がまえを説くと同時に、学問にたいする私たちのとるべき態度を教えたものというべきであろう。

＊　福田徳三のことである。彼は明治から大正にかけてのもっとも指導的な経済学者の一人であった。

2　争う二つの魂

古典と現代との間に往復運動がいかにたいせつであるかを、二、三の例をもって説明してみよう。まず経済学の枠の中で例をとるとすれば、あの有名な労働価値論と効用価値論の対立論争がまっ先に思い起される。経済学の歴史を多少とも学んだ人なら、この二つの価値論の対立が経済学を長い間二つの陣営に分裂させ、そして経済学の二大学派を形づくってきたことを知っているであろう。労働価値論をとる人たちはマルクス学派をなし、これにたいし効用価値論をとる人たちは反マルクス学派をなしている。反マルクス学派はさらにいくつかの学派に分かれているけれども、価値論を認めるかどうかという観点からいうと、はじめのうちはマルクス労働価値論にたいして効用価値論の立場を主張する学派(限界効用学派といわれる一派)が現われたが、その後この学派の思想は発展的に解消して、もっと新しい経済理論にとって代られるようになった。このもっと新しい経済理論を(限界効用学派をも含めて)近代経済学と呼んでいる。これがさらにまた細かく分かれているが、しかしその共通の特徴として、もはや価値論というものにあまり重きをおかないこと、そして労働価値論をどこまでも守り続けているマルクス学派にたいして批判的否定的な態度をとっていること、こういう二つの点をあげることができる。

ところで興味深いことには、これらの諸派がすべて『国富論』の中に自説の源を発見し、それを根拠にして自説の正統性を主張しようとつとめていることである。マルクス労働価値論の根拠が『国富論』の中にあることについてはすでに述べておいたから、それに対立する諸学派についてみることにしよう。

スミスは『国富論』第一編第四章の終りのところで、価値には使用価値 value in use と交換価値 value in exchange の二つの意味があると述べ、使用価値とはあるものの効用を意味する言葉であり、交換価値とはあるものを所有することによってえられる他の財貨にたいする購買力を意味する言葉であるとした。そしてこの二つの価値が同じでないばかりか、ときとして互いに矛盾する場合がありうることを、水とダイヤモンドの例をもって説明している。人生にとって水ほど有用なものはないのに、それでもって何かを購買することはほとんどできないであろう。これに反してダイヤモンドは使用価値というほどのものはほとんどないけれども、それと交換にきわめて多量の財貨をえることがしばしばある。スミスがいっているのはただこれだけである。そして彼は、それから後は主として交換価値の分析に入り、一つの財と他の財との交換割合を決定するものは何かという問題に進んだ。財貨をつくるものは人間の労働であり、人間はすべて平等であるはずであるから、二つの財貨の交換割合はそれを生産するために費された労働量によって決定されるはずだというのがスミスの解答であったことは、すでに前に述べておいたところである。

しかしスミスがこの思想一本でどこまでも押していく人であったとすれば、問題は比較的簡単であったであろうが、スミスという人はそういう理論的にねばり強い人ではなかった。むしろ理論的には弱い人であったといっていいだろう。別ないい方をすれば、スミスは非常に包括的な人であった。論理の矛盾や飛躍をあまりたいして気にもとめず、それでいてその一つ一つがなかなか問題性を孕んだ立言を平気でいってのける人なのである。水とダイヤモンドの例にしてもそうであって、スミスがたまたま発したこの一言がその後の価値論史の上にどんな大きな波紋を投じたか、知る人ぞ知るというべきであろう。これは後の限界効用学派に属する人たちから、価値のパラドックスとして熱心に論じられた問題となったのである。

価値のパラドックスといわれるものをもう少し説明しておくとこうである。水はその使用価値が非常に大きいにもかかわらず、その交換価値はきわめて小であるか、あるいはほとんどゼロに近い。ダイヤモンドの場合はその反対であって、その交換価値はきわめて大であるにもかかわらず、その使用価値はむしろ僅少である。これは明らかに矛盾である。この矛盾を解決するために限界効用という考えがもち出された。水の使用価値は人生にとってきわめて大きいものがあるといわれたときには、水の全部効用をさしているのである。しかし現実には、いま現に私たちの手もとにあるコップ一杯の水を失うか失わないかが問題なのであって、この場合の水の効用のことを限界効用と名づける。私たちはいつでも水は人生にとって……(全部効用)とは考えないで、現にえられるか、あるいは現に失うかもしれないコップ一杯の水の効用(限界効用)のことを考えているにすぎない。これが水の現実の使用価値を決定するのである。水の使用価値は現実にはきわめて小である。だから水の交換価値も小となる。しかし渇水その他の非常時において、水の限界効用が非常に大きくなれば、水の交換価値もまた非常に大きくなることは人がしばしば経験することである。価値のパラドックス問題にたいしてこのような解答を与えたところから、これらの人びとを限界効用学派*と呼ぶようになった。

* イギリスではジェヴォンズ、オーストリアではメンガー、スイスではワルラスなどがその代表的な学者である。ともに一八七〇年代の初めにこの説を発表した。

スミスの中にはもちろん限界効用というような思想はない。しかし効用またはそれに近い考えをもとにして理論を説いている個所は、もしそのつもりで探せばいたるところに指摘できるのである。そこでスミスは労働価値論の祖であるばかりでなく、効用価値論の祖でもあったということになりうるであろう。いやさらに一歩を進めて、スミス理論の根柢は効用価値論であったと主張することもできるかもしれない。なぜならそもそものに価値があるのは人がそれを生産するために労働を投じたためではなく、そのものが人間にとって望ましく、効用をもっていると考えられるためである。効用学派の人たちはこのように主張してやまなかった。いうまでもなく労働価値論を排撃するためである。読者もみられるとおり、ここには食うか食われるかの激突が演じられている。天動説か地動説か。逆立ちしているのはどちらであるのか。まさに相争う二つの魂である。しかもそれは同じスミスの、しかも同じパラグラフの中でたまたま洩らされた師父の一言から由来したものなのである。もしスミスが十九世紀の末まで生きのびたとしたらなんというであろう。「ああ私の胸には二つの魂が宿っている」というファウストの苦悩を新たにしたことであろう。

3　もう一つ二つの実例

労働価値論が正しいか、それとも効用価値論が正しいか。いまはこの問題に立入る場所ではないから、かれこれ論評することはさしひかえたい。ただ一言だけ、私自身の立場をいいそえておくとすれば、私は労働価値論のほうが正しいと信じている。その理由は、スミスとマルクスについて述べた前章で一応は理解していただけたかと思う。それよりもいまの場合重要なことは、労働価値論にしろ、効用価値論にしろ、どちらがより正しく古典と自説との間に往復運動を行なっているかということである。もし『国富論』という古典の中から、自分の問題設定に直接関係のある個所だけをとり出してみるとか、あるいはまた、自説に都合のよい立場だけをひき抜いてくるとか、そういうことで自説を権威づけようとするものがあったとすれば、それは古典にたいする一つの冒瀆行為であって、真に古典研究者のとるべき態度ではないであろう。もし幸いにその人が優秀なタレントの持主であって、スミスの片言隻句から筋の通った一つの近代理論を展開することに成功したとしても、やはり問題はなくなったわけではない。そこにはほんとうに古典から現代への道がふまれているであろうか。自分はそう思っていても、実は現代から古典への一方交通が行なわれているにすぎないのではあるまいか。こういう疑問が残るのである。もしそうだとすればそのタレントは、自分のみたいものだけを古典のうちにみるというわがままな古典解釈をしていることにならざるをえないであろう。

このことはどの学派の人にたいしてもいいうることである。限界効用学派の人たちは、どうやら一方交通論者であることを免れないように思われるのだが、労働価値論をとる人たちについてみても、一方交通論者が案外に多いのである。なんのために価値論があるのか、それはスミスの体系の中でどんな意味をもっているのか、ということをいっさい抜きにして、ただ価値論を価値論として扱っていたのでは、古典の精神というものはまったく失われてしまうであろう。社会科学者としてのスミスというものがそれでは矮小化され、殺されてしまうであろう。労働価値論をとる人たちの間にもしばしばこんな実例があるのである。これらの人たちは、スミスからマルクスをみるのでなく、マルクスからスミスをみるだけで、『国富論』の中にただ『資本論』の抜け殻をみているかのようなことばかりいっている人が少なくないようだ。こうした人たちにとっては、『資本論』が古典であり、バイブルであり、決疑論の教典なのである。これでは『資本論』そのものが死物となってしまうことは火をみるよりも明らかであろう。

近代経済学者がスミスをみる目についても同じことがいえるであろう。たとえばスミスの経済理論が自然価格を軸として組み立てられていることは前に述べた。この自然価格を均衡価格という概念におきかえ、これを足がかりとして均衡理論というものが展開されてくる。この立場からみると、スミスはひとかどの均衡理論の経済学者ということになってしまう。このようなスミス理解のしかたもまた、古典の精神を忘れた一面的なものだと評せざるをえない。その理由を一つ二つ述べると、スミスの自然価格という概念は、すでに私たちが知ったように、経済の自然的調和という目的論によって支えられていた。自由競争の結果は結局において必ず社会全体の調和的発展をもたらすという一つの信念がそれである。そこから自然的という言葉に、ザインとゾルレンの混同が生じたということも指摘しておいた。自然価格の代りに均衡価格がもち出されるようになったのは、このようなザインとゾルレンの混同を排して、これを純粋に科学的な概念に仕立て上げようとするためであった。このことはまことに結構なことではあるが、しかしそのためにスミスが意図していた根本の精神が失われてしまったのは返す返すも残念である。

スミスは自然価格の理論によって、いったい何を意図したのであろうか。それはいうまでもなく、抑圧と不合理の旧制度を斥けて、その代りにもっと自由で合理的な市民社会を打ち出そうとしていたのである。均衡価格や均衡理論では、このような根本精神がまったく見失われてしまっている。理論はただ分析のトゥール(道具)にすぎなくなってしまった。そのくせこれらの人たちは、日本経済の安定と進歩を口ぐちに称えているのだ。これは新しい経済体制への自由を望むものではなく、現存の自由経済の平穏無事を祈るものではあるまいか。このような態度は、明らかにスミスとはちがって後向きのものだといわなければならないのである。

スミスの自然価格は、自然利潤と自然賃銀と自然地代の三つの部分から成っていた。スミスによると、これらの利潤、賃銀、地代のほかに、たとえば固定資本の償却費というようなものが第四の構成部分として考えられるかもしれないけれども、これも結局つきつめていけば、利潤、賃銀、地代のいずれかに再分解されることになるので、自然価格というものは前記のような三つの部分から構成されるということになる。つまり自然価格というものは、資本家、労働者、地主の受けとるべき三大基本所得から構成されることになる。もしこれを国民所得と名づけるとすれば、今日流行の国民所得論の原型は、やはりアダム・スミスの中にあったということもできるであろう。そこで私たちはケインズの名前を思い出すこともできるであろう。ケインズの立場は遡ってマルサスに通ずるものがあるといわれている。そこで私たちは、スミス――マルサス――ケインズの線を引いてみることもできるであろう。

マルサスはリカードとともにスミスから生まれた異母兄弟であった。リカードはスミス理論の生産と供給のエトスを重くみたのにたいして、マルサスはスミス理論の消費と需要のエトスを重くみた。もともとスミスの中にこの二つの面が含まれているのであるから、リカードとマルサスの対立が生まれてくるのは当然であろう。いわば一本の幹から生じた二本の枝なのである。リカードはまだ過剰生産や恐慌の可能性について考えなかったけれども、マルサスは、ものができすぎて買手がみつからず、一般的過剰生産が起りうべきことをみてとっていた。二十世紀になってケインズがみたのもマルサスと同じ問題であった。さらにケインズはマルサスのみなかったもの、すなわち資本主義の一般的危機と体制的な失業(構造的な失業ともいわれる)をみた。しかしケインズはマルサスと同様に、この問題を現存社会体制の枠の中で解決することができると考えたのである。

もしスミスの自然価格を生産費だと解釈すれば、物価は生産費によってきまるという生産費説が生まれるであろう。これは前の二つの説(リカード説とマルサス説)を折衷したことになる。商品の価格はどうしてきまるか。それはたんに供給者側の事情だけでもなく、またたんに需要者側の事情だけでもなく、両方の事情が結びついてきまる。このように答えるのが生産費説である。スミス以後のスミスといわれるジョン・スチュアート・ミルの立場がそれであった。同じことをもう少し後でマーシャルという経済学者がいっている。効用と労働費用、需要と供給の関係は鋏の両刃のようなものであって、二つが一緒になってものを切るのであると。私たちはそこで、スミス――ミル――マーシャルの線を引くこともできるであろう。

以上のほかなおいくつかのラインを辿ることは不可能ではない。それはみる人によってさまざまでありうるであろう。たとえばスミスの流れをその傍系から跡づけてみることも有意義であろう。このような流れの一つとして、スミス――リスト――ウェーバーの線を引くこともできるかと思われる。＊しかしながらいずれの場合においても、たいせつなことはただ一つ。それは、スミスと現代との間にどのような往復運動が行なわれているかということである。なぜなら、古典はそれに内在することによってのみそれを超越することができるからである。

＊　スミス――リスト――ウェーバーの線は、スミス――リカード――マルクスの線と比較対照してみるのがよいと思う。ウェーバーとマルクスという問題は、このようにスミスを廻り道することによって真の解決がえられるであろう。

4　ふたたびアダム・スミスの全体像に帰ろう

さてここでもう一度、アダム・スミスから何を学ぶことができるかについて考えてみよう。それはいまみたように、人により立場によってさまざまでありうるだろう。それはそれで一応結構であるし、スミス研究の深まりのためには、種々さまざまのスミス解釈がつぎつぎと生まれてくることが望ましい。それはまた同時に現代の問題意識が多様化していくことを意味し、学問が進歩しつつあることを物語るものでもあろう。

しかしながら、スミス研究が種々さまざまの立場からしだいに細かくなっていくということの反面には、一つの重大な危険も含まれていることを反省しなければならないと思う。スミス研究はただ専門家の間の難解なお談義であったり、同好者の回顧談であってはならない。この傾向は必ずしもスミスに限ったことではなく、わが国の古典研究には、ややもするとこのような懐古趣味が横行しがちであるので、この際とくに一言しておきたいのである。スミスは分業について語った。それはピン製造の話ばかりでなく、職業間の分業、都市と農村との間の分業、精神労働と肉体労働との間の分業など、きわめて広い範囲にまで拡大された。しかし反面からみれば、分業が結合労働であり、協働であることも彼は知っていた。* スミス以後の分業論の発展も、ここにその源を発しているといえるであろう。たとえばマルクスの分業と協業にもとづくマニュファクチャーの分析(『資本論』)、デュルケームの『社会的分業論』などを覗いてみていただきたい。読者はきっと、分業というものは協業から離れてはありえないことを理解されるにちがいない。私たちのスミス理解についてもこれとまったく同じことがいえるのではなかろうか。あまりに細かく分かれすぎたスミス研究を、もう一度国民の手にとり返さなければならない。それが現代の私たちのスミスをみる目ではないかと考える。

* 文明社会では、一人の日傭労働者の着ている上衣をとってみても、そこに何百何千というさまざまの職業の人間の労働が加えられていることがわかるであろう。かりに調度品一つをとってみても、今日ヨーロッパの一君主と一農民の差は、はだかの野蛮人の絶対的支配者であるアフリカの王者とその農民との差には及ばないであろうと、このようにスミスは述べている(『国富論』第一編第一章の終り)。

アダム・スミスといえば、人びとは直ちに自由放任の元祖だと思い、あるいは利己心の説教師だと思いたがる傾きがある。読者はいまやこの見方がどんなに皮相で浅薄なものであるかということを十分にわかっていただいたことと思う。私たちはとかく言葉にとらわれやすい。そして言葉を自己流に、自分の感覚でかたづけやすい。自由放任、利己心をはじめとして、同感、自然調和など、みなスミスの思想と理論の全体から理解するようにするのでなければならない。ホッブズのあの有名な「万人の万人にたいする戦い」という一句でも同じである。この一句をとりちがえて、人間はもともと自然状態においては狼の狼にたいする闘争状態にあったと早合点する人があるようだ。とんでもない誤解である。ホッブズはただの一度もそんなことをいっていないし、人間はもともと原始状態において弱肉強食の闘争状態にあったわけでもない。素人ならともかく、いくらか勉強をした人の中にさえ、ときにホッブズのこの一句をこのようにとりちがえている人があるようだ。外国の古典を理

スミスのレリーフ(J・タッシー作
スミス64歳—1787年—のときの像)

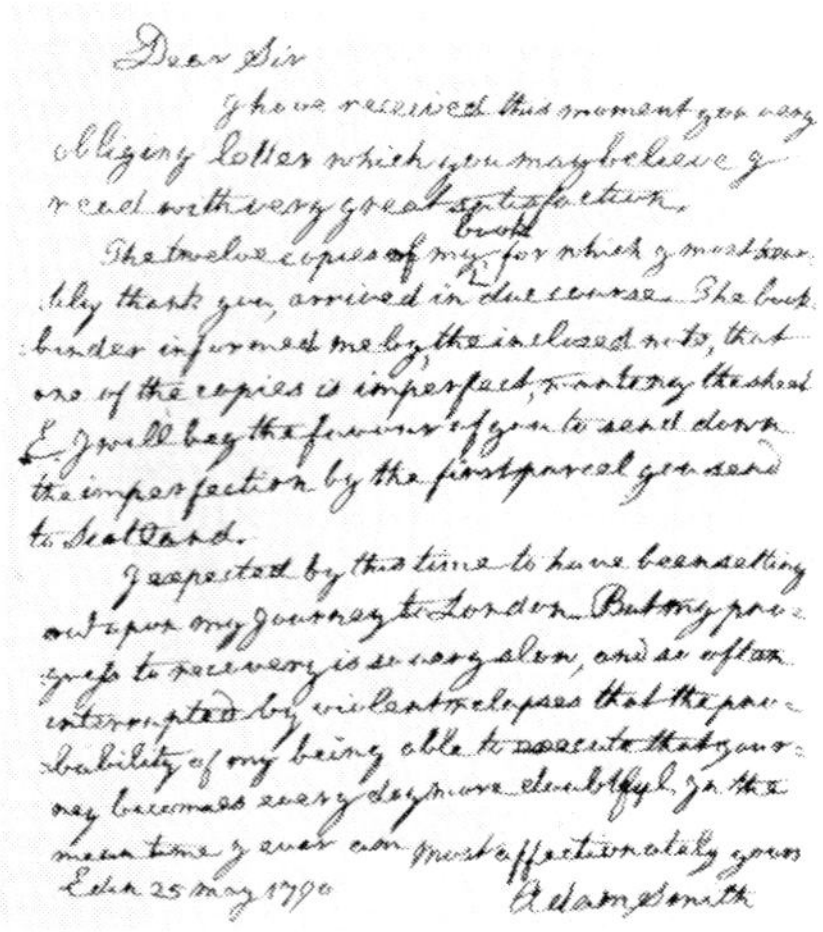
Dear Sir
I have received this moment your very obliging letter which you may believe I read with very great satisfaction.
The twelve copies of my book for which I most heartily thank you, arrived in due course. The book binder informed me by the inclosed note, that one of the copies is imperfect, wanting the sheet L. I will beg the favour of you to send down the imperfection by the first parcel you send to Scotland.
I expected by this time to have been setting out upon my journey to London. But my progress to recovery is so very slow, and so often interrupted by violent relapses that the probability of my being able to execute that journey becomes every day more doubtful. In the mean time I ever am most affectionately yours
Edin 25 May 1790
Adam Smith

トーマス・カデル宛のスミスの手紙(1790年5月25日付)

解することのいかにむずかしいものであるか、しみじみ考えさせられる実例ではないだろうか。

では、私が描き出したスミス像はどういうものであったか。スミスを近代化の闘士として捉えようとする――これが私の答えである。スミスは十八世紀のイギリスを舞台として、近代化の戸口に立って戦った人であった。そこからスミスの自由主義思想と市民社会理論が生まれた。こうしてスミスは近代経済・社会思想と経済・社会科学の祖となることができた。これが私の第一の答えである。

だが近代化とはなんであろうか。この言葉も一見わかったようで、さらによく考えてみると、きわめてあいまいな言葉であることがわかってくる。私はスミスを近代化の闘士として捉えるとともに、スミスを手がかりとして近代化の本質について考えてみようとした。読者諸君もぜひ、そういう意味においてスミスを逆に読んでいただきたいと思うのである。

近代化とは市民社会化のことであった。私はこの一句を読者が真底から理解されるように心から希望するものである。というのは、前節で述べたいくつかの分派のうち、私がここで打ち出した一句を正しく理解しているものが非常に少ないからである。多くの学者は、いまでは、資本主義体制という概念を放棄しているばかりでなく、市民社会という概念をまったく忘却してしまったように思われるのである。これらの諸分派はもともとみなスミスから流れ出したものであるか、でなければ、スミスに対抗しながらも心の底ではスミスに気をつかっている人たちの集まりなのである。

現代のスミス像にはもう一つ、どうしても欠くことのできない肉づけが必要である。それはナショナリズムということである。近代化という第一のデッサンとナショナリズムという第二の肉づけが一つになって、はじめて現代のスミス像が完成するというのが私の見方なのである。このようにいっても、私はスミスをナショナリストであったというつもりはない。ナショナリズムやナショナリストの原型を求めるとすれば、*スミスよりもリストに赴いたほうがより適当であろう。そしてもっと近代化され磨きのかかったナショナリストを求めるとすれば、ウェーバーに赴いたほうがより適当であろう。スミスはリストやウェーバーのような意味ではナショナリストではなかった。しかし他の見方からすれば、スミスもまたナショナルなものをふまえていたし、ナショナルなもののために戦ったことがわかるであろう。近代化の闘士アダム・スミスは、とりも直さず、近代イギリス国民国家成立のための闘士であったことが理解されるであろう。

* ナショナリスト、ナショナリズムという言葉はもともと政治学の言葉である。しかしここでは話を経済学の畑に限っておく。

近代化と新しいナショナリズムの問題は、まさに第二次世界大戦後の問題である。現代的な、あまりに現代的な問題意識である。だから、私がここで描き出したようなスミス像は、やはりスミスと現代との間の往復運動の代りに現代からスミスへの一方交通をむりじいするものではあるまいか。このような反論が起りうるかもしれない。私もそれを十分承知しているつもりである。こういう非難を免れるためには、スミスから現代への道を自分の足で根気よく歩いてみるほかはない。読者はそのとき、現代のアダム・スミス像がいかに輝かしい導きの星となりうるかを、身をもって体験されるにちがいないであろう。

それでは現代日本の社会科学者は、いま、近代化とナショナリズムの問題をどのように受けとめたらよいであろうか。そしてその際、私たちのスミス研究がこの問題の解決にどれほど役立ちうるであろうか。この問題に簡単に答えてこの書物を終ることにしよう。

むすび

1　ナショナルなものとは何か

これまで私は近代化ということについてはしばしば述べてきたが、ナショナルということについてはほとんど説明するところがなかった。スミスと近代化というテーマなら、これまでのわが国のスミス像にとってそれほど場ちがいな感じを与えることはないであろう。ところがスミスとナショナルなものというようなテーマとなると、そうではない。日本人のもっているスミス像からはかなりかけはなれた感じがあることを否定しえないであろう。そこでまずこの点について述べておきたい。

ナショナルという言葉は国民的とも訳され、民族的とも訳される。英語、フランス語、ドイツ語などみな二つの意味をもっている。けれどもナショナルを国家的と訳するのは、どうみても日本人独特の訳し方ではなかろうか。たとえばナショナル・インタレストを国家利益と訳してすましている場合が少なくない。わが国では、国家も国民も民族もみな事実上一つであって、その間に厳密な区別をする必要がないのである。自然そこからこのような日本人独特の感覚が生まれてきたものといってよい。これまでの日本人にとっては、国家主義も、国民主義も、民族主義もすべて同じものであった。ナショナリズムという言葉は、ときと場合により適宜このように訳して理解されてきたのである。

しかしながら、国家と国民と民族が必ずしも同じものでないことを、これまでの叙述によって読者は一応わかっていただいたことと思う。まず第一に、国家は国民や民族とは同じでないことはいうまでもない。国民のために国家があると考えたスミスの場合でも、反対に、国家は国民の上に立ってそれを統轄していくべきだと考えたリストの場合でも、国家と国民はそのまで同じものではなかった。ネイションという言葉はピープルという言葉とほぼ同じ意味内容をもっていたのである。ついでながら、十八世紀のフランスでもナシオンという言葉はやはり人民を意味した。たとえばフランス革命のときに生まれたあのマルセーユの歌を思い出していただきたい。そこではナシオンという言葉は一般民衆を意味していた。要するに、近代化とナショナルなものとの関連が、これらのいわゆる先進三国においてどのようなものであったかということをほぼ推察することができるであろう。

国民と民族の区別はそれほど明瞭には意識され難い。スミスの場合には、スコットランド人のイングランド人にたいする一種のコンプレックスがあるにはあったけれども、それをあまり誇張してはならないであろう。アイルランド人がこれらの両民族にたいしてもっていたコンプレックスに比較すれば、ほとんどものの数ではないであろう。スコットランド人アダム・スミスは、結局イギリス人アダム・スミスとして成長し、私たちの前に現われたのである。しかしながら、それはイングランドとスコットランドとの合併、さらにそれに続いてアイルランドの合併が比較的順調に行なわれた結果であって、もしこれらの合併がそれほどうまくいかなかったとすればどういうことになったであろうか。リストがドイツ人の国民的統一を声を大にして叫ばなければならなかったのは、まさにこのような国民的不統一と国民的分裂の事態を反映するものであった。私たちはこのことから、近代化の過程において分裂と不統一のある後進国において、とくに国民の意識が強調されなければならないものだということがわかると思う。スミスの『国富論』=『諸国民の富』における国民は、陽の当る場所におかれた国民のことにほかならなかったのである。

それでは国民と民族とは同じであるのか、それともちがったものであるのか。もちろんこの両者は同じではない。多数の民族が集って一つの国民をなしている場合(アメリカ合衆国やソ連など)、あるいは一つの民族が分かれていくつかの国民をなしている場合(ドイツ、朝鮮など)がその実例である。この実例によっても知られるように、国民というときにはその政治的経済的統一の面が強調されており、民族というときにはその血縁(人種)的および地縁(国土)的な面が強調されているのである。スミスやリストに民族的な面の強調がなかったのは当然である。彼らはイギリス人なりドイツ人なりの政治的経済的な統一と発展を求めていたのである。これが近代化の戸口に立ったスミスなりリストなりのナショナリズムであった。私たちはスミスとリストを比較することによって、スミスのもっていたナショナルな性格をたやすくつかみとることができるであろう。

ここから私たちはまた、イギリスやドイツに比べて日本社会の後進性について一つの貴重な示唆をひき出すことができると思う。それはどういうことであるかというと、第一には、国家を国民や民族と混同してはならないということである。これまでわが国では事実上これらの三つのものは同じものだと考えられてきたとしても、それは日本の地理的、社会的、歴史的な特殊の条件によるものであった。とくに明治維新以来の日本の近代化の過程と結びついていたことを見落してはならないのである。そこで第二に、ナショナルなものをみる目は、近代化の過程をみる目と一つになってはじめて近代社会の正しい見方をすることができるということである。これがスミスをみる現代の目であるばかりでなく、スミスから近代日本をみる目でもなければならないのである。

2　二十世紀の目

ところで、現代はもはや十八世紀でもなければ十九世紀でもない。現代には二十世紀特有の問題がありはしないであろうか。かりに近代化とナショナリズムの二つの目を結びつけてみるにしても、スミスやリストではあまりに古すぎるのではなかろうか。こんな疑問が一部の読者から起るかもしれない。その点についてぜひ一言いっておきたいと思う。

この疑問は、私たちにとって二つの問題を投げかけてくれる。第一には、古典と現代との間の距離というものをどのようにして埋めていったらよいかという問題である。それからもう一つの問題は、近代化とナショナリズムという観点からみて、二十世紀特有の問題と考えられる問題は何かということである。

まず第一の問題である。古典と現代との間にたえず往復運動が必要であると私はさきに述べておいたが、この言葉を機械的に理解してはいけないのである。古典と現代との間には、いうまでもなく長い歴史的な過程がある。私たちはこの歴史的過程を自分の足で歩いてみなければならない。古典と現代との間の往復運動は、いつもこの中間項を踏石として続けられるのでなければならない。これはいまさらしくいうまでもなく、当然のことではあるが、ぜひともここで一言いっておかなければならないように思う。それはなぜか。

スミスは十八世紀の人間である。リストやマルクスも十九世紀の人間である。彼らはすでに過去の人間である。いまさら何を彼らから学ぶことができるであろうか。こんな口のきき方をする人が戦後かなりふえてきたように思われるのである。近代化と技術革新の時代思潮に乗った人たちの感覚が、そういう言葉にはよく出ているように思われる。もしこういう態度で古典をみるとすれば、スミスはもとより、たとえば、ケインズもウェーバーももはや古い、彼らはすでに過去の人物であるということにならざるをえないであろう。時代はいまや電子計算機の時代である。コンピュートピア*の時代である。過去へではなく、未来へ私たちの目は向けられるべきである。彼らはこのように説くのである。読者諸君もみられるとおり、この見方は一見して進歩史観の立場に立つ見方である。いまや日進月歩の時代であり、新しいものほど優れたものである。近代化の行手はバラ色だというのである。私たちがさきにスミスとマルクスの関係をみるところで知ったように、このようなバラ色史観はすでに十九世紀の半ばにおいて原理的には克服されていたのである。

* これはコンピューターとユートピアの合成語である。

つぎに第二の問題として、近代化とナショナリズムの結びつきという観点からみて、二十世紀特有な問題とは何かということに移ろう。この問いにたいしては、国家独占資本の成立と民族解放のための戦いが世界史の日程に上ってきたことがそれだと答えるべきであろう。国家独占資本の成立ということは、独占資本と国家権力が史上かつてなかったほど強固に結びついたということを意味する。それはちょうどアダム・スミスが戦った絶対主義の姿にどこか似たところがあるようにもみえるし、新しいマーカンティリズムの時代がもう一度訪れてきたようにもみえる。歴史の舞台は一回転して元へ戻ってきたような感じがするのである。といっても、元の場所へ戻ってきたのではなく、一段も二段も高いところで元の場所へ戻ってきたのである。どうしてこのようなことになったのか。この過程を明らかにする必要があろう。これは経済学では、自由資本主義から独占資本主義へ、そして独占資本主義から国家独占資本主義へというように、歴史の踏石を積み重ねて研究されるべき問題である。そしてこの歴史の過程につれてナショナリズムにも構造の変化や体質の変化が起ってくる。帝国主義とか軍国主義とか、そのようにいわれるものが私たちの注意をひくようになる。

歴史は啓蒙史観や進歩史観の説くように、単線的直線的に進むのではない。そうではなく、ここにみるように、歴史は円環的螺旋的に進むとみたほうが真実に近い。ちょうど蛇が皮を脱ぎながら成長していくように、歴史は過去の時代をつぎつぎに脱ぎすてていくのではない。もしこのような見方をとるとすれば、過去は現在および将来のたんなる脱け殻になってしまうであろう。真実の歴史はこのような脱皮の過程ではなくて、年輪を積み重ねていく過程というか、あるいはむしろ、らっきょうが一皮ずつ太っていくような姿とみるほうがもっと適切であろう。私はこれをかりに包摂史観と名づけておく。（したがって歴史の研究方法としては積み上げ方式が要求されることになる。）こういう見方に立ってはじめてスミスのような古典を正しくみる目を獲得することができるであろう。

スミスは国家独占資本の問題も民族解放の問題も知らなかった。それはもとより当然のことであった。しかしながら、国家独占資本の本質を明らかにしようと思えば、何よりもまず体制の科学が必要となるであろうし、体制の科学を知ろうと思えば、何よりもまず市民社会の科学を知らなければならないのである。二十世紀の目はスミスまで遡り、スミスから出発しなければならないのである。

民族解放の問題についても同じことがいえるであろう。この問題は第一次世界大戦以後私たちの前にはっきりした形をとって現われてきた。それ以来ナショナリズムは、国民主義と訳すよりは民族主義と訳すほうがより適切となってきた。それはたんに先進国にたいする後進国の自立の要求を示すだけではなく、植民地または半植民地の自己解放の要求を表わす言葉となってきた。だから資本主義体制の構造変化ということをぬきにして、現代におけるナショナルなもののあり方をつかむことは絶対に不可能であることが知られるであろう。

それからもう一つ。ナショナリズムの問題は資本主義体制の中だけの問題ではない。社会主義体制の内部でもやはり同様な問題が起きている。これが第二次世界大戦後のきわ立った特色なのである。そして社会主義体制の内部においても、資本主義体制の内部におけるとはちがった意味で、やはり近代化の問題が登場している。近代化の行手を見定め、その限界を克服することができるのは、資本主義体制かそれとも社会主義体制か。このような問題が私たちの前に提出されているのではなかろうか。どちらの体制がよりよく近代化と民族解放の二十世紀的課題に役立つことができるであろうか。このように、体制と民族の結びつきをそのあるべき姿において解決しようとするのが、新しいナショナリズムの課題なのである。

3 残された問題

スミスを論じながら、私はいささか現代的な問題意識に走りすぎたようである。ここで振り出しに戻って、もう一度わが国におけるスミス研究の歴史をふり返ってみることにしたい。第一章で述べたように、わが国におけるスミス研究の歴史は、大きくいって三つの時期に分けられるであろう。その第一期(明治時代)は、主としてスミスを国策の線に沿って読もうとした。スミスは文明論の先達であり、国富増進の道を教えた先生であった。その第二期(大正半ばから終戦まで)は、スミスを経済科学者として読もうとした。また自由思想家として、ファシズムにたいする批判の武器として読もうとした。その第三期(終戦以後)は、スミスをますます深く、そしてますます専門的に読もうとしている。とくにマルクスの目をもってスミスとり組もうとする姿勢がますます目立ってきたようである。これはスミスを社会科学者として読もうとするものであって、終戦後における解放感がそこに現われているように思われる。これはスミス研究における一つの飛躍的な進歩であるというべきであろう。

こうしてわが国は、いまやスミス研究では、世界のどの国にも引けをとらないほどの水準に達したといえるかもしれない。日本にスミスが入ってきてから百年、その間に積み重ねられた日本のスミス研究者たちの努力の成果である。しかしながら、スミス研究の成果が上れば上るほど、私はここに、一つの重大な問題が残されていることに気がつくのである。私たち日本人はなんのために、これほど熱心にスミスを勉強するのであろうかという問題である。スミスを勉強してそれをどういう目的に役立たせようとしているのか。こういう問題である。スミスの書物がいまや日本国民の教養の書であるからというようなことでは、ほんとうの答えではありえない。そういう答えからは、スミスをいかに読むべきかという問題にたいする解答が出てこないであろう。私たちはもう一度、なんのためにスミスを読まなければならないのかという問題ととり組む時期がきているのではあるまいか。歴史の舞台はここでも一廻りしたといえる。近代化と古いナショナリズムの悲劇的な結末を体験した戦後の日本人は、はたしてどのようなスミス像をもつべきであろうか。これはよその国の問題ではなく、私たち自身の国の問題である。*

* スミスから日本をみるのでなく、それと同時に日本からスミスをみるという新しいスミス解釈の態度が要請されているのである。そしてこのことは、たんにスミスについてあてはまるばかりでなく、マルクスやウェーバーやケインズについてもあてはまる。これは一般に、わが国における外国文化の摂取はいかにあるべきかという問題である。

あとがき

昭和四十一年の春、私はＮＨＫの文化講義で、「アダム・スミス」という題目のもとに十回にわたって話をする機会をもった。そのとき私が考えたのは、この機会を利用して、かねてからのスミスに関する勉強をひろく一般の聴取者にわかるようにまとめてみたいということであった。結局、アダム・スミスという人を通して、その後の経済思想や経済学の発展を跡づけ、古典と現代とのつながりを解明することになった。本書が世に出るようになった第一のきっかけがここから生まれたわけである。

第二のきっかけとしていささか私事を述べることをゆるしていただきたい。同じく昭和四十一年の春、私が一橋大学教授の職を退くに当り、かつて私のゼミナールにおいて勉強を共にしてこられた同門の諸氏の好意により、身体的に不自由な私のために研究助手のための資金を作っていただいた。なんという人生の喜びであろう。その結果として、二名の優秀な助手が与えられ、私は感謝と感激のうちに第二の学究生活へと出発することができた。本書はささやかながらその最初の記念碑として生まれたものである。たえず私の傍らにあって、読書やしらべものの手助けをして下さった富沢賢治、岸本嬉子の両君に心から感謝の意を表したい。そしてこの書物をだれよりもまず、私の仕事の糸口をつけて下さった旧ゼミナリステンの諸君に捧げたいと思う。私にとってなんともいいようのない喜びである。

かつての放送原稿を岩波新書の一冊として刊行するに当っては、新書編集部の高草茂氏と山田洋子氏に大変お世話になった。両氏に厚く御礼を申上げたい。

いまから十数年前、私はこの新書のために『社会科学入門』という一冊を書いた。幸いその後もひき続き多くの読者をえているけれども、いまからみれば何分にも未熟で生硬なところが多い。このたびはいくらかでもその点に心を配り、なんとか岩波新書の一冊として恥ずかしくないものを書き上げたいと思った。しかし出来上りは、やはり名実ともに第二の「社会科学入門」となったようである。この小冊子を書き上げるに当って、私はこの新書の他の著作から教えられるところが多かったことを最後に一言しておきたい。たとえば大内兵衛『マルクス・エンゲルス小伝』、桑原武夫『ルソー』、大塚久雄『社会科学の方法』、内田義彦『資本論の世界』などは、私の問題意識からいっても、新書のまとめ方という点からいっても、きわめて多くの示唆と教訓を与えてくれた。これらの諸先生に心からの感謝と敬意を表したい。

一九六八年初春

高島善哉

高島善哉

1904-1990年
1927年東京商科大学卒業
専攻ー経済学および社会学
著書ー『経済社会学の根本問題』
『アダム・スミスの市民社会体系』
『民族と階級』
『実践としての学問』
『マルクスとウェーバー』
『社会思想史概論』(編著)その他

アダム・スミス　岩波新書(青版)674

1968年3月20日　第1刷発行
2017年10月20日　第43刷発行

著者　高島善哉《たかしまぜんや》

発行者　岡本厚

発行所　株式会社 岩波書店
〒101-8002 東京都千代田区一ツ橋2-5-5
案内 03-5210-4000　営業部 03-5210-4111
http://www.iwanami.co.jp/

新書編集部 03-5210-4054
http://www.iwanamishinsho.com/

印刷製本・法令印刷　カバー・半七印刷

ISBN 4-00-411070-X　Printed in Japan

岩波新書新赤版一〇〇〇点に際して

ひとつの時代が終わったと言われて久しい。だが、その先にいかなる時代を展望するのか、私たちはその輪郭すら描きえていない。二〇世紀から持ち越した課題の多くは、未だ解決の緒を見つけることのできないままであり、二一世紀が新たに招きよせた問題も少なくない。グローバル資本主義の浸透、憎悪の連鎖、暴力の応酬——世界は混沌として深い不安の只中にある。

現代社会においては変化が常態となり、速さと新しさに絶対的な価値が与えられた。消費社会の深化と情報技術の革命は、種々の境界を無くし、人々の生活やコミュニケーションの様式を根底から変容させてきた。ライフスタイルは多様化し、一面では個人の生き方をそれぞれが選びとる時代が始まっている。同時に、新たな格差が生まれ、様々な次元での亀裂や分断が深まっている。社会や歴史に対する意識が揺らぎ、普遍的な理念に対する根本的な懐疑や、現実を変えることへの無力感がひそかに根を張りつつある。そして生きることに誰もが困難を覚える時代が到来している。

しかし、日常生活のそれぞれの場で、自由と民主主義を獲得し実践することを通じて、私たち自身がそうした閉塞を乗り超え、希望の時代の幕開けを告げてゆくことは不可能ではあるまい。そのために、いま求められていること——それは、個と個の間で開かれた対話を積み重ねながら、人間らしく生きることの条件について一人ひとりが粘り強く思考することではないか。その営みの糧となるものが、教養に外ならないと私たちは考える。歴史とは何か、よく生きるとはいかなることか、世界そして人間はどこへ向かうべきなのか——こうした根源的な問いとの格闘が、文化と知の厚みを作り出し、個人と社会を支える基盤としての教養となった。まさにそのような教養への道案内こそ、岩波新書が創刊以来、追求してきたことである。

岩波新書は、日中戦争下の一九三八年一一月に赤版として創刊された。創刊の辞は、道義の精神に則らない日本の行動を憂慮し、批判的精神と良心的行動の欠如を戒めつつ、現代人の現代的教養を刊行の目的とする、と謳っている。以後、青版、黄版、新赤版と装いを改めながら、合計二五〇〇点余りを世に問うてきた。そして、いままた新赤版が一〇〇〇点を迎えたのを機に、人間の理性と良心への信頼を再確認し、それに裏打ちされた文化を培っていく決意を込めて、新しい装丁のもとに再出発したいと思う。一冊一冊から吹き出す新風が一人でも多くの読者の許に届くこと、そして希望ある時代への想像力を豊かにかき立てることを切に願う。

（二〇〇六年四月）